AF500773

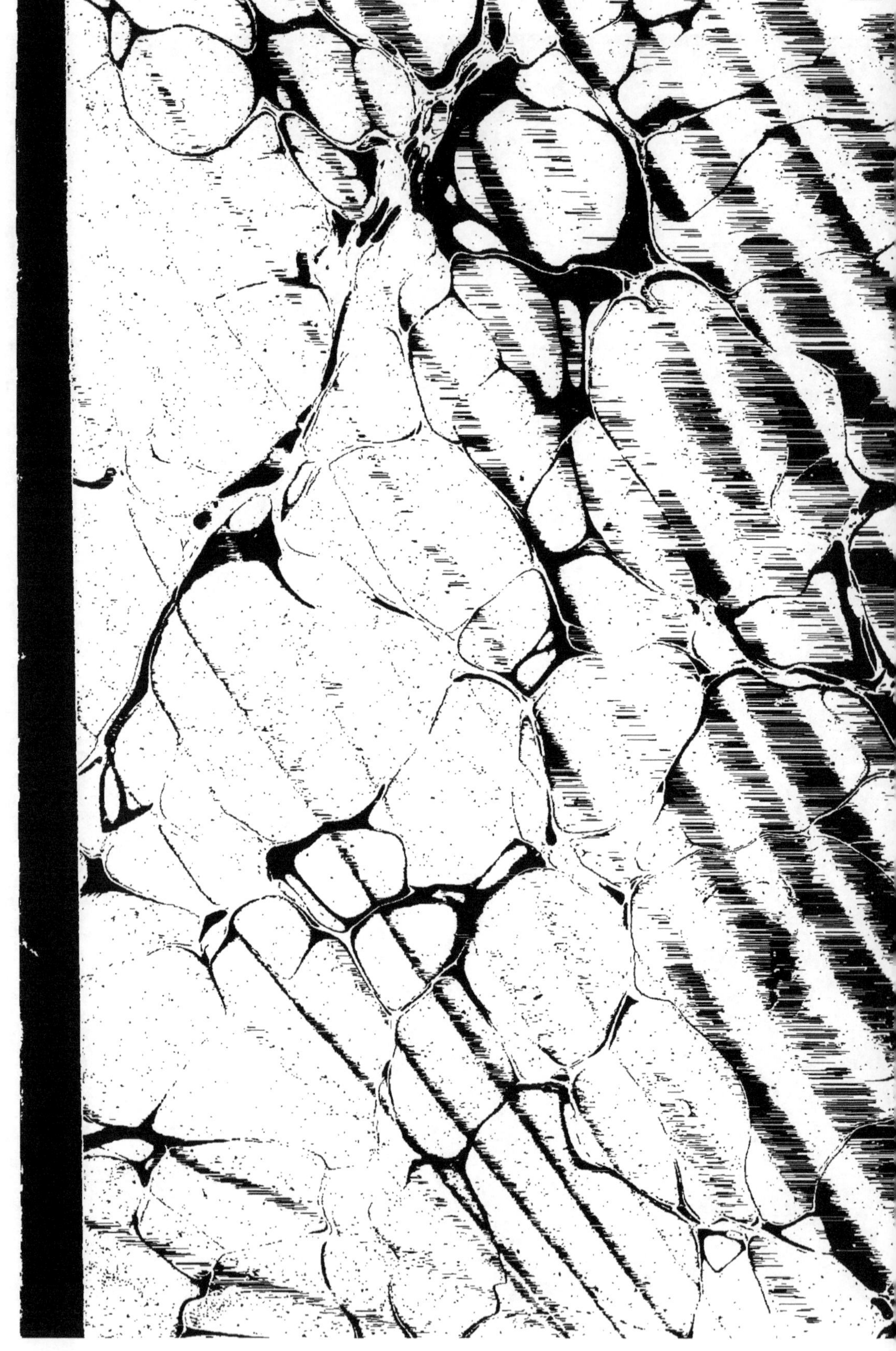

NOTICE HISTORIQUE

SUR

M. LE COMTE DE VILLÈLE.

PARIS. TYPOGRAPHIE DE HENRI PLON, RUE GARANCIÈRE, 8.

NOTICE HISTORIQUE

SUR M. LE COMTE

DE VILLÈLE

PAR

M. LE COMTE DE NEUVILLE,

SUIVIE DES

SOUVENIRS SUR L'ADMINISTRATION FINANCIÈRE

DE M. LE COMTE DE VILLÈLE,

PAR

M. LE MARQUIS D'AUDIFFRET.

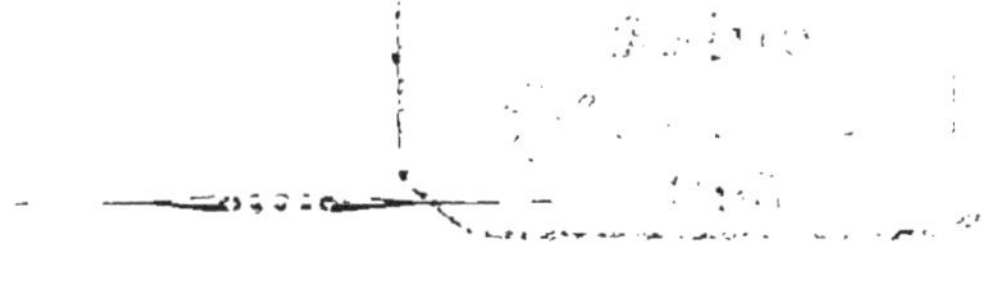

PARIS.

AUGUSTE FONTAINE, LIBRAIRE,

PASSAGE DES PANORAMAS, 35.

1855

NOTICE

SUR

M. LE COMTE DE VILLÈLE.

Jean-Baptiste-Guillaume-Marie-Séraphin-Joseph, comte de Villèle, naquit à Toulouse le 14 avril 1773. On trouve dès le douzième siècle la famille de Villèle occupant déjà un rang honorable dans le Lauraguais, qui fait aujourd'hui partie du département de la Haute-Garonne. Un de ses membres, Arnault de Villèle, fit en 1174 donation d'une terre à l'ordre de Saint-Jean de Jérusalem; l'histoire du Languedoc de dom Vaissette cite Guillaume de Villèle au nombre des chevaliers qui prêtèrent foi et hommage au comte de Toulouse, en 1247. Jean de Villèle acquit par échange, en 1390, de la famille de Villeneuve, la terre de Morvilles, qui, depuis cette époque, n'a cessé d'être le principal patrimoine et la résidence habituelle de la famille de Villèle.

Joseph de Villèle fit ses premières études au

collége royal de Toulouse, et s'y distingua par ses succès et sa conduite exemplaire. A l'âge de quatorze ans, il entra au collége royal d'Alais. Un examen brillant, qui lui mérita les éloges de Monge, le fit recevoir élève de marine et envoyer à Brest, où, le 16 juillet 1788, il fut embarqué sur une corvette d'instruction. Reçu élève de seconde classe au mois de juillet 1789, il partit aussitôt pour Saint-Domingue, et ne revint en France qu'à la fin de l'année suivante. Après un court séjour à Brest, il s'embarqua avec le contre-amiral de Saint-Félix, ami de sa famille, qui venait d'être appelé au commandement des forces navales que la France entretenait dans les mers des Indes. Deux ans après, M. de Saint-Félix ayant été promu au grade de vice-amiral, M. de Villèle devint aide-major de la division. Il se trouvait à l'Ile-de-France en 1793, lorsque la nouvelle des événements de France et les désordres qui en furent la suite, tant sur l'escadre que dans la colonie même, arrachèrent le commandement des mains de M. de Saint-Félix.

M. de Villèle donna immédiatement sa démission, et, uniquement préoccupé de préserver les jours d'un chef qui lui avait constamment témoigné l'affection d'un père, il suivit le vice-amiral à l'île Bourbon, où celui-ci fut contraint de se réfugier pour dérober sa tête à la haine des révolutionnaires, qu'il s'était attirée par la fermeté avec laquelle il avait résisté à leurs actes de violence.

Cependant l'asile que M. de Saint-Félix avait trouvé à l'île Bourbon ne put le soustraire longtemps à de nouveaux dangers. Un coup de main ayant livré la colonie au parti jacobin, le premier soin des meneurs fut de chercher à s'emparer de la personne de l'amiral. M. de Villèle s'occupa alors de lui trouver un asile dans les bois et sur les montagnes presque impraticables qui couvraient la partie centrale de l'île. Une cabane de branches et de feuillage devint le refuge de l'amiral. C'est là qu'assisté par un colon plein de courage et de dévouement, M. Désorchères, chez lequel il s'était retiré, M. de Villèle ne cessa, pendant plusieurs semaines, de porter, au prix de mille fatigues et de mille dangers, des vivres et des secours à M. de Saint-Félix. Il parvint ainsi à le dérober quelque temps à la rage des révolutionnaires, qui l'avaient mis hors la loi, condamnant à la peine de mort ceux qui le cacheraient ou qui, connaissant son asile, ne le dénonceraient pas. Une récompense de vingt mille francs avait été promise à celui qui donnerait des renseignements de nature à amener l'arrestation de l'amiral.

Malgré ces mesures, M. de Saint-Félix avait échappé à toutes les recherches, quand l'appât de la récompense ou la crainte du châtiment porta un mulâtre qui connaissait le lieu de sa retraite à le révéler aux autorités. MM. de Villèle et Désorchères furent aussitôt arrêtés, et M. de Saint-Félix n'évita le même sort qu'en prenant la fuite à travers les bois. La position de M. de Villèle était fort périlleuse; une lettre qu'il avait écrite sous la dictée de l'amiral, par laquelle celui-ci offrait à ses ennemis de se rendre en France pour y être jugé, prouvait évidemment qu'il avait encouru la peine de mort dont étaient menacés ceux qui auraient connu la retraite de M. de Saint-Félix sans la dénoncer.

Les commissaires du parti jacobin, grâce à la jeunesse de M. de Villèle, avaient espéré lui arracher par la promesse d'un acquittement des renseignements propres à faciliter l'arrestation de l'amiral. Entouré d'un groupe de forcenés qui ne cessaient de le menacer, M. de Villèle ne se laissa pas intimider : « Vous perdez votre temps, s'écria-t-il; en » quittant la France, j'ai été confié par mes parents » à M. de Saint-Félix; il m'a dès lors et jusqu'à ce » jour servi de père. Si aujourd'hui je pouvais lui » donner mes forces et ma jeunesse pour échapper » à vos recherches, si je pouvais assumer sur moi » tous les dangers qui le menacent, je le ferais et » je devrais le faire. C'est assez vous dire l'inutilité » de vos efforts pour obtenir de moi un seul ren» seignement, un seul mot qui puisse le compro» mettre, le faire tomber dans vos mains. »

La jeunesse, l'énergie et le noble dévouement de M. de Villèle firent impression sur ces furieux, et les gardes nationaux, animés pour la plupart de dispositions plus favorables, ayant manifesté l'intention de le protéger, il fut reconduit en prison, où il ne cessa de se montrer plus préoccupé des dangers de ses compagnons d'infortune que des siens propres. Trois mois après il fut mis en liberté par suite d'un acquittement.

Après l'arrestation de M. de Villèle, l'amiral de Saint-Félix, privé de ressources et même de nourriture, fut bientôt contraint de se remettre lui-même entre les mains de ses ennemis; il resta dans les cachots, exposé aux plus grands périls, jusqu'à la chute du parti terroriste.

M. de Villèle résolut alors de se fixer provisoirement dans la colonie et d'ajourner son retour en France, où sa présence eût été une source de dangers pour sa famille. La confiance qu'il inspirait et la bienveillance de deux compatriotes, MM. Martin et Dupérier, lui procurèrent les moyens d'acquérir une propriété dont il entreprit l'exploitation. Devenu ainsi colon, M. de Villèle, qui, par sa conduite, s'était acquis l'estime et la sympathie de tout ce qu'il y avait d'honorable dans la colonie, se lia avec plusieurs familles, et en particulier avec la famille Panon Desbassayns, à laquelle il fut bientôt allié par un mariage qui a fait le bonheur de sa vie, en lui donnant une compagne digne de lui par ses éminentes qualités, par l'élévation de ses sentiments et par la rectitude de son jugement.

L'île Bourbon se trouvait à cette époque, comme toutes les autres colonies françaises, exposée à un double danger : menacée du sort de Saint-Domingue par les lois de la métropole, elle courait en outre le risque d'être livrée aux Anglais, dont les escadres l'environnaient et entravaient son commerce.

La chute du parti jacobin, à laquelle M. de Villèle contribua par l'énergie qu'il montra en poursuivant l'annulation d'une élection entachée de violence, et en marchant avec un corps de gardes nationaux pour réprimer une insurrection, laissa un pouvoir politique presque illimité à l'assemblée coloniale.

La fermeté de caractère, la droiture, la loyauté de M. de Villèle le firent choisir par les honnêtes gens de la colonie pour les représenter dans cette assemblée, dont il ne tarda pas à devenir un des membres les plus influents. Il eut bientôt à lutter contre des dangers d'un nouveau genre. Une faction s'était formée, dont le but était de livrer l'île aux Anglais, et qui, pour y parvenir, avait proposé de la déclarer indépendante de la métropole. M. de Villèle, nommé rapporteur par la commission chargée d'examiner la proposition d'indépendance, la fit rejeter après une vive et lumineuse discussion.

Ses adversaires ayant eu recours à l'insurrection, il marcha contre eux à la tête de la garde nationale, et rétablit la tranquillité dans la colonie. Ce fut ainsi qu'avec l'assistance de plusieurs de ses amis, principalement de son beau-frère, M. Desbassayns, il parvint, au milieu des circonstances les plus difficiles, à conserver la colonie à la France jusqu'à la paix d'Amiens, et à y établir, pendant cette époque où elle était livrée à elle-même, une des meilleures administrations dont elle ait joui.

Aussitôt que les mers devinrent libres, M. de Villèle ne songea plus qu'à effectuer son retour en France. Son projet, entravé par la brièveté de la paix et par diverses circonstances, ne put être réalisé qu'en 1807. Revenu dans la mère patrie, M. de Villèle se fixa dans sa terre de Morvilles, et y résida jusqu'en 1814, s'occupant principalement d'agriculture, et livré tout entier à la vie de famille, qui avait pour lui tant de prix.

M. de Villèle fut appelé peu après sa rentrée en France à faire partie du conseil général de la Haute-Garonne. Il s'y fit bientôt remarquer par son aptitude aux affaires et par sa capacité; il donna également des preuves de sa fermeté en refusant d'obtempérer aux réquisitions et aux emprunts forcés des derniers temps de l'Empire.

Le premier acte politique de M. de Villèle, dont les opinions toutefois étaient déjà bien connues de ses concitoyens, fut la publication d'un écrit où il se prononçait contre le projet de constitution que le gouvernement provisoire et le sénat cherchaient alors à imposer à Louis XVIII (1).

La charte n'était pas encore devenue la loi du pays, les opinions étaient par conséquent libres de se produire sur les institutions qui convenaient le mieux à la France. M. de Villèle put donc, sans mériter aucun blâme, exprimer son opinion et manifester ses tristes prévisions. Les faits ne les ont malheureusement que trop justifiées. Comprenant combien il était juste et utile pour l'avenir de faire disparaître toute trace de la grave atteinte portée au droit de propriété par les confiscations de 93, M. de Villèle protestait aussi dans cet écrit contre tout acte qui en reconnaîtrait la légalité, et demandait qu'on laissât la voie ouverte à des transactions entre les nouveaux et les anciens propriétaires, préludant ainsi à la grande mesure réparatrice qu'il a eu le bonheur et la gloire de faire adopter onze ans plus tard.

A la nouvelle du débarquement de Bonaparte, M. de Villèle se rendit immédiatement à Toulouse afin de se joindre aux volontaires royalistes qui s'enrôlaient pour marcher sous les ordres du duc d'Angoulême, et souscrivit une somme de vingt mille francs dans le but de contribuer à faire face aux besoins du moment.

La convocation du conseil général de la Haute-Garonne retint M. de Villèle à Toulouse, où l'on cherchait à organiser des moyens de résistance; mais la garnison révoltée étant bientôt devenue maîtresse de la ville, et ayant braqué ses canons sur les places publiques pour tenir en respect la population, M. de Villèle n'eut plus qu'à subir, comme ses concitoyens, le joug des fédérés, qui arrêtèrent un grand nombre de volontaires royaux et en massacrèrent quelques-uns.

Les vexations qui se succédèrent pendant la durée des Cent-jours avaient porté au plus haut degré l'exaspération de la population de Toulouse. Cette circonstance explique la réaction qui eut lieu lorsque, le 18 juillet, se répandit la nouvelle des événements qui venaient de se passer dans le Nord; le drapeau blanc fut aussitôt arboré en dépit des troupes et des autorités. L'enthousiasme et l'exaltation sont inhérents aux masses et surtout aux populations méridionales.

Un jeune homme, portant la cocarde blanche,

ayant été tué par les soldats irrités des démonstrations royalistes, il devint de plus en plus difficile de contenir la population et d'éviter de sanglantes représailles; il fallut faire évacuer la ville par les troupes; le maréchal Pérignon, qui était venu en reprendre le commandement, se trouva ainsi sans aucune force pour y maintenir l'ordre.

M. de Villèle, nommé maire de la ville par M. le duc d'Angoulême, n'eut d'autre moyen de soustraire les fédérés et les auteurs des violences exercées pendant les Cent-jours aux dangers qui les menaçaient, que de les faire conduire en prison, d'où la nuit on les faisait sortir. Plusieurs se refusèrent à recouvrer leur liberté, se croyant plus en sûreté en prison que dans la ville.

La désignation par le ministère Fouché de M. de Malaret, député et maire de la ville pendant les Cent-jours, pour présider le collége électoral de la Haute-Garonne, produisit le plus fâcheux effet sur l'esprit irrité de la population; elle ne fut point calmée par la nomination de M. de Rémusat à la préfecture de la Haute-Garonne, en remplacement de M. de Limairac, désigné pour les fonctions de préfet par M. le duc d'Angoulême.

Ces diverses circonstances précédèrent un événement déplorable, qui contrista profondément tous les honnêtes gens, et fit succéder dans la ville de Toulouse la stupeur à l'exaltation.

Le général Ramel, nommé au commandement du département, rentrait le soir chez lui, lorsqu'il fut insulté, au milieu de la foule, par quelques individus restés depuis lors inconnus, malgré les recherches et les poursuites de la justice. Ayant mis l'épée à la main pour se faire jour, un coup de pistolet fut tiré sur lui au moment où il atteignait le seuil de la porte de son hôtel; elle se referma sur lui et fut barricadée à l'intérieur. Aussitôt le bruit se répandit dans la foule qui couvrait la place des Carmes que le général Ramel venait de tirer sur le peuple; rien ne put détruire cette funeste erreur, et le siége de la maison fut immédiatement entrepris par la population.

M. de Villèle, prévenu, mais d'une manière inexacte, du trouble qui venait d'éclater, se rendit d'abord à l'Hôtel-de-ville pour y pourvoir à la sûreté des prisonniers que l'on disait menacée. Il y fit braquer deux canons sur le passage conduisant aux prisons, et, bientôt mieux renseigné, il se dirigea en toute hâte vers la place des Carmes avec un détachement de gardes nationaux, seule force dont il pouvait disposer, mais qui se dispersa bientôt pour se joindre aux assaillants. La foule était si compacte et si animée qu'il fut absolument impossible au maréchal Pérignon, au préfet M. de Rémusat, à M. de Villèle en sa qualité de maire, de se faire écouter et de pénétrer jusqu'à l'hôtel du général

Ramel, dont les portes finirent par être enfoncées. La foule s'y précipita, et le général fut trouvé déposé sur un lit, la gravité de sa blessure n'ayant pas permis à des jeunes gens de la ville qui s'étaient dévoués à son salut de le transporter par-dessus les murs dans une autre maison. Les blessures du général Ramel prouvaient évidemment qu'il avait été victime et non pas agresseur; mais cette foule aveugle et ignorante des faits ne se donna pas le temps de les reconnaître : il reçut plusieurs coups de sabre et succomba le lendemain à ses blessures.

M. de Villèle lui fit rendre les honneurs dus à son rang; une grande partie de la population accompagna son cercueil pour témoigner hautement de son horreur du crime et protester ainsi contre ce meurtre.

M. de Malaret, effrayé par ces événements, renonça à la présidence du collége électoral, fonctions dans lesquelles M. de Villèle fut, comme maire, obligé de le remplacer le premier jour, en attendant la nomination d'un autre président.

Les opérations électorales commencées le 22 août ne furent terminées que le 25; le dépouillement avait montré, à chaque premier tour de scrutin, le nom de M. de Villèle avec le plus grand nombre de voix, mais cependant avec un nombre insuffisant pour que son élection fût valable, toutes les voix se reportant au ballottage sur un seul de ses concurrents. Cette manœuvre se renouvela jusqu'au dernier tour de scrutin, où M. de Villèle ne fut nommé député qu'à deux ou trois voix de majorité.

Telle fut l'origine de sa carrière politique et parlementaire. L'opposition que rencontra sa candidature de la part du parti libéral fut attribuée à son écrit de 1814 contre les institutions proposées par le gouvernement provisoire et par le sénat.

M. de Villèle, appelé peu de jours après dans la capitale par l'ouverture de la session des chambres, voulut, en quittant Toulouse, donner sa démission des fonctions de maire, qu'il regardait comme incompatibles avec le mandat de député; mais il fut obligé de céder aux vives instances de ses concitoyens, motivées en partie par les résultats de la centralisation, qui faisaient préférer un protecteur à Paris à un maire s'occupant des intérêts et des affaires journalières de la ville.

Le vieux corps législatif de l'empire, dont une grande partie avait figuré dans les assemblées des Cent-jours, ne pouvant plus être réuni, il avait fallu procéder à de nouvelles élections. Mais la loi électorale, selon la charte, n'étant pas faite, le ministère, composé de MM. Fouché, Talleyrand, Pasquier, Gouvion Saint-Cyr, Jaucourt et Louis, y avait suppléé en conservant les colléges électoraux de l'Empire, et en remplaçant les électeurs manquants par des adjonctions au choix de ses agents; le ministère, en outre, avait fait porter le nombre des députés de 262 à 393, et abaisser l'âge pour être électeur de 30 à 21 ans, et pour être député de 40 à 25, appelant ainsi à voter une génération imbue de préjugés contre la royauté qu'elle n'avait point connue.

Rassuré par ces dispositions, le ministère n'avait point craint d'indiquer dans l'ordonnance de convocation 14 articles de la charte comme devant être soumis à la révision des chambres, dans un sens et dans un but évidemment destructifs du pouvoir royal: 1° pour enlever au roi la proposition des lois; 2° pour supprimer l'interdiction de la réunion d'une chambre sans l'autre, etc.

Mais l'attente du ministère fut trompée. En dépit de ses efforts, une chambre en grande majorité royaliste fut élue : protestation évidente du pays, la seule qui lui fût alors permise contre la politique suivie par Louis XVIII, et contre la nomination d'un ministère anglo-révolutionnaire, où figurait un régicide imposé au roi par un général étranger (lord Wellington) comme condition de sa rentrée dans sa capitale.

Ainsi, après vingt-cinq ans d'exclusion du pouvoir et des affaires, l'opinion monarchique, malgré tout ce qui avait été fait pour accréditer contre elle les préventions et les préjugés, se retrouva pleine de vie dans la nation, et aurait pu assurer l'avenir de la France, si l'on eût su profiter de l'expérience des fautes de 1814 et des événements des Cent-jours.

Cependant le ministère Fouché, effrayé d'un résultat électoral auquel on s'attendait si peu, n'osa pas affronter une chambre royaliste et se retira avant l'ouverture de la session. Il fut remplacé par MM. le duc de Richelieu, le duc de Feltre, le vicomte Dubouchage, de Vaublanc, Decazes, Barbé-Marbois et Corvetto.

Le parti révolutionnaire, mécontent d'un échec électoral qui forçait à la retraite un ministère dont il avait obtenu tant de garanties et de si grands services, inquiet des dispositions de la nouvelle chambre, dirigea bientôt contre elle toutes ses attaques : il la représenta comme arrivant avec l'intention de mettre la charte de côté et de rétablir l'ancien régime, la dîme et les droits féodaux; calomnies gratuites contre une chambre qui n'existait qu'en vertu des nouvelles institutions, et dont presque tous les membres reconnaissaient que, malgré ses imperfections, la charte, qui d'ailleurs pouvait être améliorée, présentait, dans les circonstances données, le seul moyen que l'on eût de faire face aux immenses difficultés financières et politiques de la situation.

M. de Villèle a publié depuis dans le *Conservateur* un article où il faisait observer que la charte n'avait pu contenir toutes les dispositions organiques du gouvernement établi par elle; que les lois sur la répression des abus de la presse, sur le droit de pétition aux chambres, sur le mode de recrutement de l'armée, sur l'organisation des colléges électoraux, des administrations départementales et communales, et sur d'autres points presque aussi importants, restaient à faire; M. de Villèle démontrait que selon que ces lois organiques, destinées à compléter la charte, seraient conçues dans un sens démocratique, monarchique, ou dans le sens de l'école impériale, les conséquences seraient de nature à consolider les nouvelles institutions ou à les compromettre.

Le discours d'ouverture de la session des chambres annonça le retrait du projet de révision des quatorze articles de la charte, récemment désignés dans l'ordonnance de convocation, alors que le ministère Fouché comptait sur la majorité, et motiva seulement cette marque de méfiance par cette phrase banale : « qu'à côté de l'avantage d'améliorer, se trouvait le danger d'innover. »

Cependant cette chambre, représentée comme arrivant avec le parti pris de faire la loi au roi et de renverser la charte, n'avait, en réalité, que le désir d'éloigner du roi et de la France de nouveaux malheurs. Tout ce qui était juste et raisonnable, on l'eût obtenu d'elle ; en effet, quoi de plus pénible pour des hommes dévoués au roi et aux intérêts de la monarchie, que d'être obligés de lutter contre le gouvernement, ainsi que la ligne suivie par le ministère leur en fit bientôt un devoir ?

L'empressement de M. Barbé-Marbois à faire accorder l'institution et l'inamovibilité aux cours et tribunaux compromis dans les événements des Cent-jours, malgré les réclamations de la chambre, et la proposition d'ajourner à un an l'institution définitive et de réduire le nombre des cours et tribunaux, doublé depuis la révolution, augmenta la défiance et le mécontentement contre ce ministre.

Le projet de loi suspensif de la liberté individuelle donna lieu à une discussion, dans laquelle MM. Corbière, Chifflet, Hyde de Neuville se prononcèrent contre l'arbitraire et réclamèrent des adoucissements à la loi. Leurs propositions furent repoussées par les organes du ministère ; celui-ci laissant à la chambre l'odieux des mesures de rigueur qu'il était parvenu, non sans peine, à lui faire voter, s'empressa bientôt après de se donner le mérite de faire entrer dans ses instructions ces mêmes amendements qu'il avait fait rejeter.

Les lois sur les cris séditieux et sur les cours prévôtales furent également votées par égard pour le roi et afin de donner à son gouvernement le moyen qu'il réclamait de contenir les ennemis du trône.

M. de Villèle ne tarda pas à se faire remarquer dans les bureaux de la chambre et dans les réunions particulières des députés. Son talent de discussion se révéla dès le début, et l'on fut frappé de cette disposition naturelle qui le portait à écarter les questions irritantes et passionnées, et tout ce qui pouvait ressembler à des personnalités.

Il monta pour la première fois à la tribune dans la discussion qui s'éleva sur les compagnies départementales, et profita de la circonstance pour attaquer la centralisation et réclamer un bon système d'administration communale et départementale. Son discours eut un véritable succès auprès de ses collègues et lui valut, au dehors de la chambre, les témoignages les plus flatteurs.

La question d'amnistie vint bientôt accroître la division entre le ministère et la majorité de la chambre des députés.

La loi proposée n'était, en réalité, que l'approbation des ordonnances rendues sous le ministère Fouché, exceptant de l'amnistie trente-neuf individus, et mettant hors de cause les hommes qui avaient joué le principal rôle dans les Cent-jours.

M. de Villèle fit partie de la commission qui, dans de nombreuses conférences avec les ministres, insista pour que les grands coupables, et surtout les régicides, fussent expulsés du sol de la France. Ces conférences ne purent aboutir, le ministère se retranchant derrière les promesses d'amnistie faites par le roi, et la commission croyant devoir persister.

Le rapport fut confié à M. Corbière; il s'acquitta de cette tâche difficile avec autant de fermeté que de talent et de modération. Le ministère, loin de lui en tenir compte, lui retira la place de procureur général à Rennes, à laquelle il venait d'être nommé.

Quarante ans se sont écoulés depuis les Cent-jours; cependant, si l'on considère leurs funestes conséquences, on ne doit pas être étonné de l'irritation qui existait alors contre les auteurs et les complices de la fatale entreprise qui avait condamné la France à l'humiliation d'une seconde invasion, à 1500 millions de contributions de guerre, à l'occupation de ses places fortes pendant plusieurs années, à la restitution des trophées de ses victoires, à l'affaiblissement de ses frontières, et qui, ayant compromis vis-à-vis du gouvernement royal un grand nombre d'individus, devait laisser dans le pays de longs et déplorables ferments de discorde.

Par suite des ordonnances rendues sous le ministère Fouché, qui les désignaient à la vindicte publique, le colonel de Labédoyère et le maréchal Ney furent arrêtés, jugés et condamnés : le ministère

2.

aurait dû plutôt leur fournir les moyens de sortir de France; par-là eussent été prévenues les fatales conséquences du jugement de la cour des pairs.

Le 13 décembre, M. de Villèle monta à la tribune pour s'opposer à l'adoption, sans amendement, de la loi sur les quatre douzièmes provisoires, comme consacrant la confusion, dans les caisses du trésor, des revenus des localités et des centimes additionnels. L'impression de ce second discours en faveur des administrations locales fut votée à l'unanimité par la chambre *.

MM. de Villèle et Corbière, constamment choisis l'un et l'autre comme membres et rapporteurs de toutes les commissions importantes, ne tardèrent pas à acquérir de l'influence sur leurs collègues et à être appréciés, même au dehors de l'enceinte parlementaire, bien que leurs discours ne parussent dans les journaux que défigurés par la censure.

Quelques propositions inopportunes faites à la chambre des députés par des membres de la majorité, vinrent fournir un prétexte aux déclamations des partis opposés; est-il donc étonnant qu'après vingt-cinq ans passés loin des affaires, les nouveaux députés n'apportassent pas dans leurs propositions la maturité de l'expérience? l'éducation

* *Moniteur* de 1815, page 1382.

du gouvernement représentatif n'était-elle pas à faire pour tous, et tous n'ont-ils pas commis des fautes dans les luttes parlementaires qui ont affligé le pays?

M. de Vaublanc fut chargé d'offrir à la chambre, en compensation de la loi d'amnistie et comme propre à agir sur une majorité religieuse, un projet de loi en faveur du clergé; il tendait à améliorer le sort des ecclésiastiques, en faisant tourner au profit des survivants les extinctions des pensions des prêtres décédés.

M. de Villèle prit la parole dans la discussion de la loi d'amnistie, pour combattre la disposition arbitraire et injuste de l'article 5, qui exceptait de l'amnistie tous ceux contre lesquels il aurait été dirigé des poursuites avant sa promulgation, c'est-à-dire tous ceux que le ministère aurait jugé à propos de comprendre dans une procédure. Il est à remarquer que le côté droit de la chambre, accusé de plaider pour les mesures rigoureuses, vota contre l'article, et que le prétendu côté de la clémence, la gauche, vota pour.

La persévérance de la commission de l'amnistie fut couronnée de succès; l'expulsion des régicides fut obtenue par la majorité; c'était la seule disposition à laquelle elle tînt en principe, la seule réellement importante.

M. de Béthisy ayant pris la parole à la fin de la discussion, termina son discours par ces mots :

« Vive le roi, quand même! » et la chambre électrisée vota la loi presque à l'unanimité, puisque sur 366 votants, il n'y eut que 32 boules noires.

Dans la discussion sur l'arriéré, M. de Villèle combattit le projet ministériel tendant à faire payer les fournisseurs de l'Empire avec les bois de l'État, tandis que la droite de la chambre voulait leur donner en payement du 5 p. 0/0 au pair; M. de Villèle fit observer « que le projet de loi les traitait » beaucoup mieux que les rentiers qui avaient perdu » les deux tiers, que les communes, les hôpitaux, » les départements, dont on avait pris les bois; et » reprocha au ministère de prétendre être juste en» vers les intérêts révolutionnaires, tandis qu'il fal» lait être juste envers tous, et en particulier à l'é» gard des contribuables. »

Après de nombreuses réunions de la commission de la loi d'élection et diverses conférences avec les ministres, M. de Villèle fut chargé de faire un rapport préliminaire pour provoquer la décision de la chambre sur le maintien ou le changement des articles de la charte en opposition avec diverses dispositions de la loi *.

Le projet du ministère abaissait à vingt-cinq ans l'âge d'éligibilité, et statuait que le nombre des députés serait de 262, en modifiant les articles 36 et 38 de la charte.

* Premier rapport de M. de Villèle, page 138 du *Moniteur*.

La commission consentait à annuler l'article 36, mais elle voulait le maintien intégral de l'article 38, c'est-à-dire la fixation de l'âge des députés à quarante ans, et proposait de substituer le renouvellement intégral, au renouvellement par cinquième, comme devant ôter à la chambre élective une partie de ses dangers et affaiblir les éléments de turbulence démocratique que la charte y avait introduits.

Le ministre de l'intérieur, M. de Vaublanc, vint mettre une entrave à la délibération de la chambre sur les questions soulevées dans le rapport préliminaire de la commission, en déclarant que le roi ne pourrait y donner sa sanction *.

L'obstacle élevé par M. de Vaublanc décida la chambre à ordonner à l'organe de la commission, de lui faire à la séance suivante le rapport ** complet sur le projet de la loi d'élection *** (2).

— —

Au milieu de la discussion de la loi d'élection, le ministre des finances, M. Corvetto, vint faire retrait du titre de la proposition du budget relatif au

* Réplique de M. de Villèle, page 178.

** Second rapport de M. de Villèle, page 191.

*** Projet de loi amendé par la commission, page 180.

payement de l'ancien arriéré de 1814, et après avoir ainsi mis hors des discussions de la chambre cette œuvre du prince de Talleyrand et du baron Louis, il proposa un mode provisoire de liquider les créances postérieures.

M. de Villèle, dans son résumé sur les opinions et les amendements émis pendant la discussion de la loi d'élection, maintint les conclusions de la commission qui avaient pour but de faire descendre le cens à 50 fr. et même plus bas, si la chambre y consentait, afin de ne pas livrer les élections à la classe moyenne, en appelant seulement à prendre part au vote les individus payant 300 fr. de contribution; il insista pour obtenir deux degrés d'élection, dont le premier au canton, et le second au chef-lieu de département.

Le parti ministériel ne voulait qu'un seul degré d'élection et le vote au chef-lieu d'arrondissement par les censitaires à 300 fr.

Les royalistes modérés étaient pour le système de la commission.

Les royalistes de l'extrême droite voulaient donner au roi la faculté d'adjoindre un certain nombre d'électeurs au collége de département.

La première question, celle du renouvellement intégral, fut jugée affirmativement par la chambre, et la durée du mandat fixée à cinq ans.

La chambre décida ensuite, contrairement à l'avis

de la commission, qu'on pourrait être député avant quarante ans, et que le nombre des députés serait de 402 (3).

Elle décida aussi qu'il y aurait deux degrés d'élection et donna la préférence à l'arrondissement sur le canton, ce qui renversa tout le système de la commission, fondé sur les assemblées cantonales. Une longue agitation succéda à ce vote inattendu; il y eut surprise et erreur dans le vote de la majorité, mais il y eut aussi cette répulsion qu'inspirait à beaucoup de gens le souvenir des horreurs qui étaient sorties des assemblées cantonales de 92 et 93.

Cette faute fut grave. L'hostilité soulevée contre la chambre, les dispositions peu bienveillantes du ministère à son égard, les préventions qu'il était parvenu à inspirer au roi contre elle, faisaient à la majorité une loi, une condition vitale d'agir avec ensemble et unité. Mais elle était trop étrangère aux affaires, trop confiante dans ses bonnes intentions et n'avait pu encore suffisamment apprécier les chefs qu'elle commençait à suivre pour qu'il en fût ainsi.

Dans l'état des choses, il ne restait plus qu'un parti à prendre, le renvoi à la commission des dispositions qui avaient été votées. Sur la proposition de M. de Villèle, ce parti fut adopté avec empressement par l'assemblée, surtout par tout le côté droit, qui ne tarda pas à sentir la faute qu'il avait commise en abandonnant la commission.

Par suite de ce renvoi, M. de Villèle fut obligé de faire un nouveau rapport; fort de l'appui certain de la majorité qui reconnaissait son erreur, il proposa et la chambre adopta dans la même séance toutes les dispositions relatives au système cantonal, *appelé d'arrondissement*, en conséquence du vote précédent, mais divisé par sections au lieu de cantons.

L'article portant que les députés ne recevraient aucun traitement fut adopté à l'unanimité.

La loi fut votée par 180 voix contre 132; majorité faible pour une loi constitutive, forte si l'on considère tous les obstacles qu'elle avait rencontrés, toutes les préventions, tous les intérêts, toutes les passions qu'elle avait eu à combattre.

Il s'était opéré depuis le commencement de la session un singulier revirement; d'abord le ministère et tous les gens de l'école de l'Empire, prétendant que la majorité de la chambre des députés arrivait avec l'intention de renverser la charte, avaient tenu à lui imposer le serment de fidélité aux nouvelles institutions; mais voyant que la majorité royaliste se servait contre eux de ces mêmes institutions, ils changèrent de tactique, et cherchèrent à s'abriter derrière l'autorité royale, qu'ils étaient parvenus à entraîner dans leur voie; tandis que la majorité de la chambre des députés, qui dans l'origine avait été peu favorable à la charte, s'y était franchement ralliée, et croyait ne pouvoir consolider la Restauration et la préserver des dangers résultant de la marche impolitique du gouvernement qu'en se prononçant pour les libertés publiques.

Le discours plus politique que financier, mais plein de modération, prononcé par M. de Villèle dans la discussion du budget de 1816, eut le plus grand succès. Il lui valut à sa descente de la tribune une espèce d'ovation.

Malgré l'effet que produisit ce discours, et peut-être par suite même du retentissement qu'il eut, seul de tous ceux qui avaient été prononcés dans la discussion du budget, il ne fut pas inséré au *Moniteur;* la publication en fut interdite par ordre du ministre de la police. Il se terminait ainsi :

« Je vote contre le projet du ministre, parce que » je trouve injuste de vendre les biens des com- » munes pour payer, sans leur consentement et » contre leurs droits et leurs intérêts; parce que je » crois dangereux de réduire le prix vénal des pro- » priétés en France, par la concurrence d'une aussi » grande masse de bois, dans un moment où l'on » a tant de sacrifices à demander aux propriétaires; » parce que les créanciers ne pouvant acheter eux- » mêmes ces bois, ils seront forcés de passer à vil » prix leurs créances à des compagnies de capita-

» listes qui, après avoir fait la loi aux créanciers, » la feront encore à l'État pour l'achat de ces bois;

» Parce que la loi de 1814, dont le ministre veut » s'autoriser pour continuer ces ventes, n'a pourvu » qu'aux intérêts de quelques-uns des créanciers » de l'État, tandis que la justice exige que tous » soient également traités;

» Parce que cette loi a été si bien rapportée par » la force des événements malheureux qui sont » arrivés depuis, que le ministre lui-même, qui ré- » clame son exécution, ne l'exécute pas, puisqu'il » n'émet pas, comme cette loi le lui ordonne, cent » millions de bons royaux sur la place pour les » cent millions de créances déjà liquidés; attendu » que cette émission, conforme à la loi du 23 sep- » tembre, prouverait de suite, par la perte des bons » royaux, que les créanciers n'ont rien à gagner à » l'exécution de cette loi. Je vote encore contre le » projet du ministre, parce qu'il demande aux pro- » priétaires cent trente centimes en sus du principal » de leur contribution ordinaire, ce que je crois » inexécutable, après les malheurs qui les ont ac- » cablés en 1815.

» Je vote enfin contre le projet du ministre, » parce qu'il tend à nous faire faire, dans des cir- » constances aussi difficiles, l'essai périlleux de six » nouveaux droits, assez peu mûris pour avoir » excité des réclamations générales dans tout le

» royaume, et avoir été changés deux fois, avec » de nouvelles combinaisons, par leur auteur lui- » même, sans réunir plus de suffrages en leur » faveur.

» Je vote pour le projet de la commission, parce » qu'il me paraît résoudre, de la manière la moins » funeste à mon pays et la moins onéreuse pour » les contribuables, le triste problème dont la so- » lution était imposée au budget de la France en » 1816. »

Le ministère fit à la commission du budget et à la majorité de la chambre la concession d'une nouvelle loi sur le mode de payement de l'arriéré antérieur à 1814, proposant d'y affecter un effet public connu sous le nom de *reconnaissances de liquidation*, qui fut remboursé en 1823, sous le ministère de M. de Villèle.

Les biens des communes furent rendus, et l'on renonça à la vente des bois de l'État; cette loi était la justification de l'opposition de la chambre au projet qui lui avait été précédemment présenté; elle fut accueillie par les cris de « Vive le roi! » et votée par acclamation.

La chambre vota également sans discussion la loi autorisant la levée provisoire de l'impôt.

Dans la discussion du budget, MM. de Villèle, de Corbière et divers membres de la droite soutinrent les amendements de la commission présentés pour obtenir la décentralisation des fonds destinés aux dépenses locales. La droite réclama dès lors, ce qui ne fut adopté que plus tard, l'adjonction au conseil municipal des plus imposés pour le vote des fonds et des dépenses extraordinaires.

Ce fut sur la proposition de M. de Villèle que la chambre vota la poursuite, comme concussionnaire, de toute autorité qui établirait ou recouvrerait une contribution non autorisée par les votes des chambres.

Le ministère porta à la chambre des pairs le projet de loi d'élection adopté par la chambre des députés, en ayant soin de faire imprimer en regard le projet ministériel; forme inusitée jusqu'alors, et adoptée en cette circonstance pour laisser percer les dispositions du gouvernement à l'égard de la loi, qui fut rejetée, presque sans discussion, par la chambre des pairs.

Ainsi se manifesta pour la première fois, dans tout ce qu'elle avait de fatal pour la monarchie, la conséquence de la composition de la chambre haute, qui ne représentait pas, comme en Angleterre, la propriété territoriale, et n'avait dans le pays ni racines ni influence réelle.

M. de Villèle ayant déposé une proposition (sur laquelle le *Moniteur* garda le silence) pour que la chambre des députés adressât une supplique au roi, tendante à ce qu'il fût pourvu législativement à l'absence de toute loi d'élection : M. Decazes fit prier M. de Villèle d'ajourner le développement de sa proposition, en lui annonçant que cette lacune allait être remplie le lendemain par une proposition royale.

En effet, un nouveau projet de loi d'élection fut présenté à l'ouverture de la séance par les ministres de l'intérieur et de la police ; avant d'en donner lecture à la chambre, ils le communiquèrent à M. de Villèle : et, bien qu'il leur eût déclaré qu'il ne pouvait y donner une approbation complète, les ministres firent répandre le bruit que le projet avait été concerté avec lui.

La chambre éprouva, à la lecture du projet de loi, la même impression que M. de Villèle ; elle se plaignit également de la lacune relative au renouvellement partiel de la chambre, qui devait être interdit pour elle, comme il l'avait été pour celle de 1814.

Le lendemain, la chambre se réunit dans ses bureaux pour procéder à l'examen du nouveau projet de loi d'élection. L'ancienne commission fut réélue ; elle choisit encore M. de Villèle pour rapporteur.

Celui-ci ayant demandé, deux jours après, à faire son rapport, le président, M. Lainé, prétendit ne pas en avoir été prévenu d'avance, et ajouta que d'ailleurs le rapport ne pouvait être fait à la chambre avant que la discussion du budget fût terminée. Une discussion fort vive s'étant élevée à ce sujet entre M. Lainé et M. de Forbin des Issarts, et la chambre consultée s'étant prononcée pour entendre immédiatement la lecture du rapport, M. Lainé quitta avec humeur le fauteuil de la présidence, et ne le reprit qu'après la fin de la discussion de la loi d'élection, sur un ordre du roi.

Ce regrettable incident eut pour conséquence de rendre M. Lainé l'antagoniste irréconciliable de la chambre qui l'avait porté à la présidence.

Malgré l'opposition de MM. de Serre, Pasquier, etc., qui voulaient renvoyer la discussion après le budget, la chambre la fixa au surlendemain.

M. de Villèle, souffrant et pris d'un enrouement qui ne lui laissait pas la possibilité de se faire entendre, fut remplacé, comme rapporteur, par son ami M. Corbière, qui s'acquitta fort bien de sa tâche, quoiqu'il n'eût eu que bien peu de temps pour s'y préparer.

La loi fut adoptée avec les amendements de la commission par une majorité de 89 voix sur 321 votants (4).

On se demandera peut-être pourquoi la majorité n'usa pas du moyen que lui offrait l'antériorité du vote de la loi d'élection sur le vote du budget, pour faire de ce vote une condition de l'adoption par le gouvernement de la nouvelle loi électorale. Les membres de la majorité étaient des royalistes qui auraient cru faillir à leurs principes et manquer à leur devoir en donnant un exemple aussi fatal à l'autorité du monarque, et aussi fécond en résultats anarchiques pour le pays.

Le 25 avril, la session de 1815 fut close par une ordonnance du roi, et l'ouverture de celle de 1816 fixée au 1er octobre 1816.

Une réception enthousiaste, à laquelle prit part presque toute la population, fut faite aux députés et au maire de Toulouse, à leur retour dans cette ville; on alla jusqu'à dételer leur voiture et à la traîner à bras. M. de Villèle, après avoir mis ordre aux affaires de la mairie, alla prendre quelque repos dans sa terre de Morvilles. Il avait refusé de faire partie de la commission nommée par le roi pour préparer le budget pendant l'intervalle des sessions; ses adversaires dénaturèrent un acte aussi simple que celui de vouloir jouir de quelque repos, et le représentèrent à Louis XVIII comme l'effet d'une opposition systématique contre son gouvernement.

M. de Villèle fut nommé à l'unanimité président du conseil général de la Haute-Garonne.

L'ordonnance du roi du 5 septembre (5) qui prononça la dissolution de la chambre des députés, fut motivée sur ce que les vœux de la nation s'étant prononcés pour que la charte constitutionnelle restât intacte comme base des droits publics en France, et garantie du repos général, il devenait nécessaire de faire rentrer la chambre dans les conditions que la charte avait fixées relativement au nombre des députés et à leur âge.

L'espoir d'écarter les membres de la majorité de 1815 et de parvenir ensuite à interpréter la charte par des lois organiques dans un sens contraire à l'esprit de cette majorité et favorable à l'arbitraire administratif et ministériel, était en réalité le mobile de ceux qui avaient uni leurs efforts pour arracher à Louis XVIII la dissolution de cette chambre qualifiée par lui-même d'*introuvable*, avec laquelle il eût été possible d'assurer l'avenir de la France et de la royauté.

Les cabinets étrangers contribuèrent à faire adopter l'ordonnance du 5 septembre; il faut attribuer leur intervention dans cette circonstance à leur ignorance de l'esprit de la France et de ses véritables intérêts. Il serait pénible et peut-être injuste d'y reconnaître un autre mobile.

Bientôt il fut évident pour tous que la dissolution n'avait eu pour but que de se délivrer de la majorité royaliste; l'exclusion des membres de cette majorité étant devenue dans les élections le mot d'ordre donné par le gouvernement. Ainsi s'organisa, au nom du roi, d'un bout de la France à l'autre, une réaction contre les amis les plus dévoués de la royauté désignés à l'animadversion publique sous le nom d'*ultras*.

Néanmoins, le collége de Villefranche choisit pour ses candidats les quatre anciens députés royalistes de la Haute-Garonne, et le grand collége du département confirma leur élection.

M. de Villèle se rendit immédiatement à Paris, où se réunirent bientôt tous les députés; les membres de l'ancienne majorité, devenue minorité, sentirent la nécessité de se concerter et de s'unir; ce fut dans leurs réunions chez M. Piet, où toutes les questions étaient examinées et discutées avant d'être soumises à la chambre, que MM. de Villèle et Corbière surent se faire apprécier de leurs collègues, dont la confiance ne leur fit jamais défaut pendant leur longue carrière parlementaire et ministérielle.

M. de Villèle ayant, lors de la vérification des pouvoirs, demandé l'ajournement des élections du département du Pas-de-Calais, en se fondant sur l'influence exercée au nom du roi et en produisant une lettre du préfet qui ne laissait aucun doute à cet égard, ne put parvenir à se faire écouter, une opposition violente et un tumulte incroyable ayant éclaté sur les bancs de la nouvelle majorité, qui sentait ses élections plus ou moins entachées du vice reproché à celles du Pas-de-Calais.

Le dépouillement des votes concernant les candidats à la présidence montra la force des divers partis; les voix furent ainsi partagées, 112 ministériels, 76 membres de l'ancienne majorité et 47 libéraux.

Les vice-présidents élus obtinrent 106 voix, M. de Villèle, 80.

La présentation de la loi d'élection qui devait livrer la France au monopole des censitaires à 300 fr. ne fut pas différée.

M. de Villèle monta à la tribune pour attaquer l'article 1er; malgré l'impression que parut produire son discours sur la chambre, les six premiers articles de la loi furent votés par assis et levé; un appel nominal étant devenu nécessaire sur le septième, 118 voix votèrent pour, et 106 contre.

Un amendement de M. de Villèle, pour diviser les électeurs par arrondissement et non par section, fut repoussé par la question préalable *.

Il s'éleva ensuite une discussion assez vive sur un autre amendement de M. de Villèle, tendant à obtenir la réélection des députés qui depuis leur nomination auraient accepté des fonctions publiques. La loi fut adoptée par 132 voix contre 100.

* *Moniteur* de 1817, page 32.

Le 15 janvier 1817, parut dans le *Moniteur* une ordonnance du roi du 13 novembre 1816, amnistiant les militaires qui l'avaient suivi à Gand; on n'avait osé la publier plus tôt; elle peignait trop bien la situation.

M. de Villèle combattit encore la loi de suspension de la liberté individuelle *.

Quand vint la discussion du projet de loi sur la censure, M. de Villèle, aussi modéré en expressions que fort de principes, s'appuya sur la nécessité de conserver la liberté de la presse pour la défense de toutes les autres libertés.

La loi fut adoptée par 128 voix contre 89 (6). La loi d'élection ne fut adoptée par la chambre des pairs qu'à une majorité de 18 voix.

M. de Villèle prononça sur le budget un discours dont le *Moniteur* ** ne donna que l'analyse; il dura plus de deux heures, et fut écouté par la chambre avec un vif intérêt; à plusieurs reprises, elle engagea l'orateur à ne pas épuiser ses forces et à prendre quelques moments de repos (7).

Jamais une attention plus complète et plus soutenue ne fut accordée à un sujet aussi aride en lui-même et traité avec une pareille étendue. La censure fit dissimuler l'effet immense produit par ce discours sur la chambre et sur les tribunes;

* *Moniteur* de 1817, page 59.

** *Moniteur* de 1817, page 163.

mais la demande de l'impression à six exemplaires pour chaque député, approbation la plus éclatante que, d'après ses règlements, la chambre pût accorder, la séparation immédiate de l'assemblée qui ne voulut plus rien entendre après ce discours, les deux séances suivantes consacrées par les orateurs du gouvernement à en atténuer l'effet, firent pleine justice du silence des journaux. De toutes parts on demanda à M. de Villèle son discours : il fut obligé de le faire imprimer à un très-grand nombre d'exemplaires.

Les orateurs ministériels, dans leurs réponses passionnées, descendirent aux personnalités et crurent mettre M. de Villèle en contradiction avec ses propres principes, en lui reprochant de recevoir 6,000 fr. par an comme maire de Toulouse. Cette circonstance obligea M. de Villèle à faire connaître qu'il avait constamment laissé ces 6,000 fr. à la disposition de son premier adjoint pour être distribués aux indigents de la ville.

La majorité repoussa, par la question préalable, toutes les économies réclamées par M. de Villèle.

Dans la discussion sur la loi qui autorisait un emprunt de 30 millions de rente 5 p. 0/0, M. de Villèle prononça un discours qu'on trouvera page 261 du *Moniteur*. Il avait reçu par la poste copie du traité fait de cet emprunt avec les banquiers étrangers, quoiqu'il fût tenu *soigneusement caché*. M. de Villèle trouva dans ce traité la preuve que la France ne tirerait que 50 fr. de ses rentes, alors que leur cours était à 60 fr., et qu'elle aurait à payer 10 p. 0/0 d'intérêt, et par la suite à rembourser un capital double : de là l'obligation, à ses yeux, de réduire autant que possible la quotité d'un emprunt si onéreux. Il demanda, en conséquence, que la chambre n'accordât que 20 millions au lieu de 30. Sa proposition ne fut pas admise, et la chambre vota les 30 millions.

La minorité de la chambre montra la plus grande répugnance à affecter à l'amortissement les bois restant de la propriété du clergé, et à partir de l'adoption de cette disposition, ne voulut point prendre part au vote des articles.

88 voix de la droite, c'est-à-dire tous ses membres, à l'exception de trois qui étaient absents ou malades, votèrent contre le budget. Il fallait que la conscience leur eût parlé bien haut pour que cette minorité, composée de gens de bien et de royalistes, se résignât à protester par le refus du budget contre la politique suivie par le gouvernement.

La session des chambres fut close le 26 mars.

M. de Villèle se rendit immédiatement à Toulouse pour y reprendre ses fonctions de maire; la disette et le haut prix des subsistances y rendirent ses rapports difficiles avec un ministère et des autorités supérieures peu favorables à un député de l'opposition; mais en dépit de leur mauvais vouloir et de tous les obstacles suscités par eux, M. de Villèle parvint à surmonter les difficultés de la position.

La confiance publique ayant secondé merveilleusement ses efforts, tous les grands propriétaires, à son exemple, prirent l'engagement de conserver à la disposition de l'autorité municipale de la ville de Toulouse, jusqu'à la prochaine récolte, une bonne partie de la précédente et d'en faire le transport aux marchés de la ville, à mesure qu'ils en seraient requis. Cette généreuse et salutaire mesure assura l'approvisionnement des marchés de Toulouse, où venaient même se pourvoir les populations voisines. Elle eut l'avantage de n'induire la ville en aucune dépense, et même de n'occasionner aux propriétaires aucune perte, les grains n'étant réclamés que pour les marchés où ils auraient fait défaut, et où la vente s'effectuait à un prix assez favorable au propriétaire.

L'ouverture de la session, qui eut lieu le 4 novembre, avait appelé M. de Villèle à Paris. Il fut encore le député de la droite qui réunit le plus de voix pour la présidence; mais la droite était en minorité, et M. de Serre fut nommé président de la chambre.

M. de Villèle fit adopter un amendement à la loi

des douzièmes provisoires, qui limitait à 200 millions le crédit ouvert au ministre sur les impôts.

Tombés en minorité constante et inévitable dans la chambre, M. de Villèle et les députés de la droite ne perdirent pas une seule occasion de manifester et de défendre leurs principes en combattant, avec ensemble et persistance, toutes les mesures qui leur paraissaient opposées aux véritables intérêts du roi et du pays ; ils montrèrent dans cette session la justesse de vues, la fermeté de principes qu'on avait déjà remarquées en eux, et enfin cette union qui faisait dire à leurs adversaires que le parti royaliste marchait comme un seul homme.

Amenés, par la nature des questions, à s'inscrire avec les libéraux comme s'ils devaient parler dans le même sens qu'eux, ils surent toujours, en développant leurs motifs, qui, d'ailleurs, étaient généralement opposés à ceux de la gauche, conserver pure la couleur de leur drapeau, et ils se conduisirent si habilement dans cette nouvelle et difficile position, qu'on a pu dire plus tard qu'ils avaient appris aux libéraux la tactique et les ressources de l'opposition. Ils comprirent que se trouvant en minorité, ils ne devaient parler à la tribune que pour éclairer la France.

Dans la session de 1818, M. de Villèle prit la parole contre la loi de recrutement. Son discours obtint un succès auquel on ne s'attendait pas sur une matière à laquelle on le supposait étranger. Il soutint un amendement contre l'article sur les vétérans qui, selon lui, réorganisait dans chaque canton les débris de l'armée de la Loire. Il attaqua aussi l'article relatif à l'avancement dans l'armée, comme dangereux, inconstitutionnel, et comme contraire à la prérogative royale.

M. Corbière et plusieurs autres membres de la droite parlèrent dans le même sens.

La loi fut adoptée par les ministériels et la gauche, elle eut contre elle les 92 voix de la droite.

M. de Villèle crut ne pouvoir conserver plus longtemps les fonctions de maire de Toulouse, qu'il jugeait incompatibles avec le séjour prolongé que la députation le forçait de faire à Paris; les faits qui s'étaient passés à l'occasion de la cherté des grains rendaient d'ailleurs ses rapports avec l'administration supérieure pénibles et peu sûrs.

Il donna sa démission, mais ne fut point forcé, comme le ministère le fit dire par ses journaux, d'abandonner la mairie de Toulouse. Le *Moniteur* fut obligé de rectifier son article à ce sujet.

M. de Villèle prononça, dans cette même session, un discours sur le budget plus politique (8) que financier *. Il réclama de nouveau l'émancipation des administrations locales, etc.

Le rapporteur de la commission du budget, soutenu par M. de Villèle, discuta longuement avec les ministres de l'intérieur et des finances sur la centralisation ou la spécialité des centimes facultatifs des départements. La discussion se termina par une transaction d'après laquelle on alloua au ministre de l'intérieur un demi-centime de plus pour les dépenses fixes et variables, et les conseils généraux gardèrent l'entière disposition des centimes facultatifs.

La commission du budget, composée des notabilités de toutes les opinions, en discuta avec indépendance les diverses dispositions. Elle fit adopter par la chambre l'adjonction des plus imposés aux conseils municipaux, lorsqu'il s'agirait d'imposition extraordinaire; les orateurs ministériels ayant, à cette occasion, produit l'accusation que l'on tendait à faire passer le gouvernement dans la chambre, l'administration dans les conseils municipaux, M. de Villèle crut devoir disculper la droite et la commission du budget, et développa les principes véritables sur lesquels reposaient les améliorations obtenues ** (9).

L'obligation de porter aux chambres, chaque

* *Moniteur* de 1818, page 422.

** Page 478 du *Moniteur*.

année, le compte des exercices antérieurs pour y être approuvés et clos par une loi, fut imposée aux ministres, sur la proposition de M. de Villèle *.

M. de Villèle, dans un discours plein de mesure et de logique, réfuta ensuite M. Camille Jordan qui défendait le ministère de la police : il conclut à la suppression des fonds secrets réclamés par le ministère. Ce discours fut imprimé, d'après le vote unanime de la chambre **.

Le discours du roi, à l'ouverture de la session des chambres, annonçait l'évacuation du territoire, la cessation de la disette et l'espoir de la réunion des Français autour du trône.

Le résultat des élections, quoique peu favorable à la cause monarchique, laissait cependant entrevoir la possibilité d'une majorité composée de royalistes et de ministériels.

Par suite de l'accord de la droite et des centres, M. Ravez fut choisi pour premier candidat à la présidence et nommé par le roi président de la chambre; mais les menées de M. Decazes parvinrent bientôt à rompre cet accord, et les vice-présidents et secrétaires furent nommés par une combinaison et dans un sens différent.

Les années précédentes avaient montré l'influence

* Page 547 du *Moniteur*.

** Page 527 du *Moniteur*.

prépondérante de M. Decazes sur les affaires du pays ; celle-ci fit voir cette influence croissante encore avec la faveur de plus en plus déclarée du roi, et se manifestant par le retrait des portefeuilles qui avaient été confiés au duc de Feltre et au vicomte Dubouchage, par la suppression du commandement général des gardes nationales, dont Monsieur, frère du roi, avait été investi ; enfin par une modification plus complète du ministère.

M. le duc de Richelieu avait jusque-là été nécessaire à M. Decazes pour obtenir des souverains étrangers, qui avaient confiance dans sa loyauté, l'évacuation du territoire, et M. Corvetto lui avait servi, en se prêtant à certaines combinaisons financières, pour porter la rente à 75 francs, prix auquel il la fit accepter par les étrangers.

Après avoir compromis M. le duc de Richelieu vis-à-vis des souverains étrangers, M. Corvetto vis-à-vis des chambres et avoir rendu le maintien du ministère impossible, M. Decazes parut vouloir se retirer et engagea le roi à charger M. le duc de Richelieu de reconstituer le cabinet, mission que la fausse position du duc de Richelieu rendait désormais fort difficile. Il se mit toutefois à l'œuvre et offrit à M. de Villèle le portefeuille de la marine ; mais le refus de M. le comte Roy de faire partie du nouveau ministère, le renvoi à trois jours du vote des douzièmes provisoires des impôts, dont la durée légale allait expirer, firent échouer les efforts de M. le duc de Richelieu pour composer un ministère qui eût l'appui de la droite et des centres.

M. Decazes étant resté maître du terrain, les démissions de MM. de Richelieu, Laîné, Molé et Roy furent acceptées, et MM. Dessoles, de Serre, Portal, Louis, Decazes et Gouvion-Saint-Cyr composèrent la nouvelle administration.

Le rapport fait par M. de Villèle, sur une pétition relative à l'arbitraire et au désordre qui régnaient dans la distribution des fonds provenant de la retenue exercée sur les traitements des employés dans les diverses administrations, fut comme le présage de cet esprit d'ordre et de justice qu'il fit présider plus tard à la réorganisation du ministère des finances *.

Un projet de loi fut présenté, par le ministère, dans le but de mettre fin au provisoire en matière de finances, en changeant le terme de l'année financière et en le portant du 1er janvier au 1er juillet. M. de Villèle prononça, dans cette circonstance, un discours dans lequel il démontra que la propo-

* Page 84 du *Moniteur*.

sition était, d'une part, inconstitutionnelle, de l'autre, inefficace comme mesure financière; il indiqua les moyens faciles, réguliers et infaillibles d'éviter la nécessité des provisoires.

Cette opinion a cela de remarquable qu'elle indique la disposition prise trois ans après par M. de Villèle lui-même, pour faire cesser un état de choses qui mettait le gouvernement à la discrétion des chambres *.

Dans la séance du 20 février, M. le marquis de Barthélemy fit à la chambre des pairs une proposition tendante à supplier le roi de présenter aux chambres un projet de loi qui modifiât la loi des élections du 5 février 1817. Après une longue et vive discussion, cette proposition fut adoptée par 98 voix contre 55.

La chambre des députés passa à l'ordre du jour, à la majorité de 150 voix contre 94, sur la proposition faite comme contre-partie par M. Laffitte, en faveur du maintien de la loi d'élection, après une discussion à laquelle prit part M. de Villèle **.

M. Lainé, au nom duquel avait été proposée la loi électorale du 5 février, se joignit honorablement à ceux qui repoussèrent la proposition du maintien de cette loi.

La droite, qui n'avait point pris part à la discus-

* Page 186 du *Moniteur*.

** Son discours est aux pages 260 et 334 du *Moniteur*.

sion concernant la loi de la presse, s'abstint aussi de voter par assis et levé sur les articles; mais voyant qu'un amendement relatif à l'inviolabilité du roi allait être compromis, elle se leva en masse pour le faire adopter. Ce mouvement spontané et unanime produisit un grand effet sur la chambre et sur les tribunes.

Le même acte se renouvela lors du vote sur l'article concernant les outrages à la religion, qui fut repoussé au scrutin par 110 voix contre 92, nombre des membres de la droite. Le rejet de l'article fit donner à la loi qui venait d'être votée la qualification de *loi athée.*

La commission du budget de la chambre des députés avait proposé de réduire les fonds demandés pour servir les intérêts de la dette flottante. M. de Villèle, qui faisait partie de la commission, établit et développa, dans un discours lumineux *, tous les motifs sur lesquels était fondée la réduction réclamée. La droite et le centre la firent prévaloir.

Dans la séance du 27 juin, M. de Villèle ouvrit la discussion de la loi des voies et moyens par l'exposé du montant probable des impôts et la production du chiffre total des dépenses votées. Il établit un excédant de recettes de 67 millions, en demandant qu'on en profitât pour diminuer de 30 centimes

* Page 769 du *Moniteur*.

les quatre contributions directes, après avoir fait cesser les retenues imposées aux traitements *.

La chambre procéda à la fixation de l'évaluation du produit des impôts, en comparant et discutant les trois propositions du ministre, de la commission et de M. de Villèle. La discussion amena des transactions, et la plupart des fixations proposées par M. de Villèle furent adoptées.

Dans un de ses discours **, M. de Villèle développa, sur le crédit, sur la dette flottante, sur le dégrèvement, les doctrines que depuis, comme ministre, il a mises en pratique. Il établit que la chambre pouvait employer 37 millions d'excédant à réduire de 2 millions 800,000 francs les retenues sur les traitements; de 4 millions 740,000 francs, ou 37 centimes, la contribution des portes et fenêtres ; qu'elle pouvait appliquer 6 millions 900,000 francs de dégrèvement au principal de la contribution foncière des départements surchargés, et enfin diminuer de 21 millions, ou 10 centimes additionnels, la charge de tous les départements.

Après une longue discussion, la chambre accorda 20 millions de dégrèvement sur les contributions directes.

Le ministre des finances avait demandé l'autori-

* Pages 845, 846 et 847 du *Moniteur*.

** Page 895 du *Moniteur*.

sation de vendre 127,000 hectares de bois : la chambre la lui refusa.

Pendant ce temps, le ministre de la guerre, le maréchal Gouvion Saint-Cyr, appelait dans les cadres de l'état-major les généraux les plus compromis envers la Restauration ; et le ministre de l'intérieur, M. Decazes, expulsait de l'administration tous les préfets et sous-préfets royalistes ; dans les emplois subalternes, le même ostracisme contre les serviteurs dévoués du roi était généralement exercé.

On réorganisa le conseil d'État dans le but d'en exclure les royalistes.

Les bannis furent rappelés, et l'on osa même parler à la tribune du retour des régicides, quoique la chambre eût déjà repoussé une pétition demandant leur retour en France.

Les deux premiers cinquièmes de la chambre des députés avaient été renouvelés en vertu de la nouvelle loi d'élection. Par suite, plus du tiers était composé d'ennemis patents ou secrets de la dynastie. Par faiblesse ou par d'autres motifs, les ministres du roi parurent vouloir favoriser ce mouvement anti-monarchique en s'opposant à l'adoption régulière de la proposition Barthélemy ; ils créèrent cinquante-huit nouveaux pairs choisis parmi ceux qui avaient siégé dans les Cent-jours et parmi les partisans de M. Decazes, tous destinés à faire prédominer dans la chambre haute l'opinion favorable au maintien de la loi électorale.

Dans une position aussi périlleuse, les royalistes de la chambre des députés, réduits à une impuissante minorité, n'en montrèrent pas moins la plus grande énergie, le dévouement le plus éclairé aux intérêts du pays, et attirèrent ainsi sur eux l'attention et la sympathie de tous les gens de bien.

M. de Villèle, dont l'héritier présomptif de la couronne avait réclamé les conseils, l'engagea toujours à se maintenir dans la voie de sagesse et de modération qu'il avait adoptée et qui seule convenait à sa situation; il sut combattre par là l'influence que des hommes moins prudents, et peut-être excités à leur insu par les ennemis de la dynastie, ne craignaient pas de lui donner.

Par la modération et la sagesse de leur conduite dans cette session, MM. de Villèle et Corbière préparèrent le retour aux idées saines sur la situation du pays de deux hommes recommandables par leurs sentiments et leur talent : de M. Lainé, auteur de la loi du 5 février, qui devint un de ses plus ardents adversaires, et de M. de Serre, qui, blessé du rappel des régicides, malgré son fameux *jamais*, ouvrit enfin les yeux sur la politique de M. Decazes et sur le danger du maintien de la loi d'élection, et qui bientôt, dans la session suivante, allait soutenir avec plus de chaleur que personne la discussion d'où sortit la réforme de cette loi.

M. de Villèle, qui était retourné à Toulouse après la session, fut rappelé à Paris, avant l'ouverture de la chambre, par les lettres les plus pressantes de ses amis, et même de Monsieur frère du roi. Le résultat des élections, ayant encore fortifié le parti libéral dans la chambre des députés, faisait prévoir une crise, et le ministère lui-même semblait disposé à reconnaître la nécessité de changer la loi d'élection.

Il est à remarquer que dans l'année même où la majorité de la chambre des pairs avait été déplacée et faussée, pour avoir adopté non une loi, mais une simple proposition tendante au changement de la loi d'élection, le ministère, auteur de ce coup d'État, fut forcé, dans l'intérêt de sa conservation, de proposer lui-même la modification de cette loi.

M. Decazes, craignant d'être débordé par la gauche, et cherchant à conserver le pouvoir qu'il tenait de la faveur du roi, voulut essayer d'un système de bascule. Dans cette vue, et afin de former une majorité des centres et de la droite, il fit remplacer MM. le baron Louis, le maréchal Gouvion Saint-Cyr et le général Dessoles par MM. le baron Pasquier, le comte Roy et le marquis de Latour-Maubourg.

L'accord du centre avec la droite pour la candidature de M. Ravez à la présidence et pour la nomination de M. de Villèle comme vice-président provenait de la même pensée; mais, d'un autre côté, MM. de La Bourdonnaye, de Chateaubriand, etc., aspiraient à renverser à tout prix M. Decazes; sans s'inquiéter des conséquences, ils voulaient refuser les douzièmes provisoires indispensables à la marche du gouvernement.

M. de Villèle et ses amis de la droite, réduits à quarante-cinq par le renouvellement successif des trois cinquièmes de la chambre, voulaient, au contraire, éviter de jeter le ministère dans les bras des libéraux, et croyaient devoir ménager la portion des centres qui suivait MM. Lainé et de Serre, afin d'en obtenir le changement de la loi d'élection: but que la droite à elle seule était évidemment dans l'impuissance d'atteindre.

Ce désaccord valut à M. de Villèle de nombreuses et de vives attaques de la part de certains royalistes, préludant ainsi à l'opposition qu'ils lui firent pendant son ministère. Néanmoins les crédits provisoires furent adoptés par 137 voix contre 79.

Dans une position aussi délicate, les députés de la droite éprouvaient plus que jamais le besoin de se concerter. Leurs réunions avaient surtout pour but le changement de la loi électorale qui semblait devoir bientôt donner la majorité au parti libéral, le renouvellement de chaque cinquième augmentant ses forces et faisant prévoir le moment où il dominerait la chambre.

M. de Villèle était également appelé à prendre part aux réunions des membres royalistes de la chambre des pairs, où l'on ne se préoccupait pas moins de la gravité de la situation; il y exerçait une influence non moins grande que sur ses collègues de la chambre des députés; ses rapports avec les écrivains des feuilles royalistes généralisaient son action et son influence.

Il n'est donc pas étonnant que les membres les plus importants des centres, MM. Lainé, Molé, de Serre, également effrayés des progrès du parti libéral, cherchassent à s'entendre avec ceux qui étaient considérés depuis longtemps comme les chefs de la droite, et que les ministres eux-mêmes désirassent entrer en pourparlers avec MM. de Villèle et Corbière; mais les hésitations d'un ministère uniquement préoccupé de la conservation du pouvoir et ne cherchant qu'une loi propre à ne lui donner ni libéraux, ni royalistes, ne permirent point qu'un accord s'établît.

Dans ces circonstances, la mort de M. le duc de Berry, assassiné le 13 février, produisit une consternation générale et bientôt une irritation portée au plus haut degré contre le ministre dont le système était accusé d'avoir encouragé l'esprit révolutionnaire et involontairement armé le bras de l'assassin.

Une proposition de mise en accusation, dirigée contre M. Decazes, fut faite à la chambre des députés; bien qu'elle eût été repoussée presque à l'unanimité, le ministre, contraint de céder à l'orage, donna sa démission. Il obtint du roi, en se retirant, le titre de duc, la position de ministre d'État et l'ambassade de Londres.

M. le duc de Richelieu le remplaça comme président du conseil; M. le comte Siméon comme ministre de l'intérieur.

Des rapports suivis s'établirent entre M. le duc de Richelieu et MM. de Villèle et Corbière, dans l'intention commune d'amener un rapprochement complet entre le gouvernement, la droite et les centres, afin de former, pendant qu'il en était temps encore, une majorité qui pût arrêter l'envahissement de la chambre élective par le parti libéral, en modifiant la loi électorale et en accordant au ministère les moyens de résistance qu'il réclamait : la suspension de la liberté individuelle et la censure de la presse.

Dans la discussion du premier de ces deux projets de loi, M. de Villèle, qui ne s'était point inscrit pour parler, ayant été amené à la tribune par des citations de ses anciennes opinions que cherchaient à lui opposer les orateurs de la gauche, prononça un discours qui eut un grand succès *.

Les membres de la droite ayant été accusés à la tribune par leurs adversaires d'être ennemis des libertés publiques, MM. de Villèle et Corbière répondirent victorieusement à ces attaques ** (10).

La loi de censure fut votée par 135 voix contre 110 ***.

Un nouveau projet de loi d'élection (11) ayant été présenté par le ministre de l'intérieur, M. le comte Siméon, la commission de la chambre des députés fut composée, par suite de l'accord du centre avec la droite, de cinq membres favorables au projet et de quatre opposants. M. Lainé fut nommé rapporteur.

La discussion fut ouverte par le général Foy ****, MM. de La Bourdonnaye et de Villèle lui succédèrent (12).

Après un discours dans lequel M. de La Fayette s'était attaché à justifier toutes les erreurs politiques de la révolution de 1789, rejetant les crimes et les malheurs qui en avaient été les conséquences,

* *Moniteur* de 1820, page 300.

** *Moniteur* de 1820, page 334.

*** *Moniteur* de 1820, page 401.

**** *Moniteur* de 1820, pages 50 et 51, 684, 685 et 686.

sur les conseils venus au roi d'au delà du Rhin, c'est-à-dire, sur Louis XVIII, sur Monsieur, sur l'émigration, l'indignation de M. de Serre, garde des sceaux, fut excitée contre cette révoltante iniquité, et, au risque de rendre mortelle la maladie de larynx dont il était atteint, il s'élança à la tribune et rappela à M. de La Fayette dans un langage plein d'énergie, ses erreurs, ses torts et ses fautes en 1789 et depuis.

Dans la séance suivante, M. de Serre démontra invinciblement les vices et les dangers de la loi du 5 février, et la nécessité de la changer; il combattit un amendement présenté par M. Camille Jordan; cet amendement destructif de la loi fut également attaqué par le rapporteur de la commission, M. Lainé.

M. de Villèle monta à la tribune après M. Courvoisier et prouva * que l'amendement de M. C. Jordan conservait tous les vices de la loi du 5 février, distribuant les nominations de députés entre les électeurs avec tout autant d'inégalité qu'on en avait reproché au projet présenté. Il rappela les motifs qui portaient les adversaires de la loi à vouloir annuler dans les élections l'influence de la grande propriété; il démontra que c'était parce qu'elle était essentiellement attachée à la dynastie légitime, ainsi

* *Moniteur* de 1820, page 161.

qu'à tous les principes conservateurs de la propriété et de l'ordre, qu'on cherchait à lui ôter toute influence.

L'article 1er, statuant qu'il y aurait des colléges électoraux d'arrondissement et de département, fut adopté par 130 boules blanches contre 125 noires; cet article décidait du sort de la loi.

L'agitation au dehors de la chambre était venue compliquer la position et augmenter la violence des discussions qui avaient lieu dans son enceinte. Des attroupements, composés surtout de jeunes gens des écoles, parcouraient les rues de la capitale, et amenèrent quelques collisions dans lesquelles fut tué le jeune Lallemand.

Dans la séance du 8 (M. de Villèle occupant le fauteuil comme vice-président de la chambre) eut lieu la discussion de l'amendement Boin (13), tendant à établir le double vote et les grands colléges de département : il fut adopté par 185 voix contre 66.

Cette majorité si forte paraît avoir été le résultat d'une erreur de la gauche, qui, par cela seul que l'amendement était combattu par M. de La Bourdonnaye, crut que la droite le repoussait, et vota pour.

L'ensemble de la loi fut adopté par 154 voix contre 95.

M. de Villèle écrivait à l'occasion de sa présidence pendant cette discussion orageuse :

« Paris, le 11 juin.

» Vous ne sauriez croire comme mes quatre jours
» de présidence ont réussi. J'en reçois des compli-
» ments de tous côtés; mais particulièrement, je
» l'avoue à ma honte, du côté gauche, que je n'ai
» pas cependant ménagé. Ils s'attendaient sans
» doute à être mangés tout vifs par un ultra. Ils ne
» tarissent pas d'éloges. Enfin ceux à qui je ne
» parle jamais viennent m'aborder maintenant pour
» me faire mille compliments. Je crois qu'il y a là
» un peu de malice de leur part contre M. Ravez.
» Quoi qu'il en soit, si on nommait un président
» maintenant, j'aurais la presque totalité des voix
» de la chambre, etc., etc.

» Quant à moi, il ne me coûte rien d'être impar-
» tial, je ne vois que la réussite des affaires dont je
» suis chargé, et n'y mets pas la moindre passion
» contre les individus; je suis né pour la fin des
» révolutions.

» J^h^ DE VILLÈLE. »

De jour en jour, la position du gouvernement lui rendait l'appui de la droite plus indispensable pour résister à la gauche, et rapprochait M. le duc de Richelieu, MM. Lainé et de Serre, de MM. de Villèle et Corbière.

Cependant M. de Villèle, après avoir pris part

pendant quelque temps aux discussions de la chambre *, fut contraint, par l'état de sa santé, de se rendre aux eaux des Pyrénées un mois avant la fin de la session. Avant son départ, il fut invité à assister aux délibérations du conseil des ministres, qui lui parurent résolus à marcher dans la voie monarchique, et à faire l'élection du cinquième sortant de la chambre et celle des grands colléges d'accord avec les royalistes.

A son passage à Toulouse, M. de Villèle reçut l'accueil le plus chaleureux de ses amis et de presque toute la ville. Les eaux de Bagnères-de-Luchon dissipèrent les symptômes de la maladie de foie dont il était atteint; sa santé s'améliora assez pour lui permettre de résister au travail et aux fatigues des six années de son ministère.

Les élections faites sous l'heureuse influence de la naissance de M. le duc de Bordeaux donnèrent des résultats plus rassurants pour l'ordre et le maintien de la monarchie.

On peut lire (p. 1534 du *Moniteur*) le discours plein de modération prononcé à Toulouse par M. de Villèle comme président du grand collége de la Haute-Garonne : MM. Ricard, Hocquart et de Chalvet y furent nommés à une forte majorité.

A son retour à Paris, M. de Villèle apprit que

* Pages 908, 910, 919, 920 et 935 du *Moniteur*.

l'on avait formé le projet de démembrer le ministère des finances et de le nommer ministre du trésor, d'appeler M. Corbière à l'instruction publique et de porter M. Ravez à la présidence de la chambre des députés. Ce projet, conçu dans le but de maintenir l'union entre les royalistes et le gouvernement, et de conserver en même temps aux membres du ministère leur position, fut discuté dans les réunions des pairs et des députés royalistes, qui y donnèrent leur approbation.

Dans les conférences qui eurent lieu à ce sujet chez M. le duc de Richelieu entre MM. Lainé, Pasquier, de Serre, et MM. de Villèle et Corbière, l'entrée au conseil, avec le titre de ministres secrétaires d'État, fut offerte à ces derniers.

Ils montrèrent une grande répugnance à accepter, et demandèrent le temps de réfléchir. Dès le soir même, ils communiquèrent à leurs amis de la droite la proposition qui leur avait été faite. Ceux-ci furent d'avis d'attendre les garanties que le ministère devait donner, mais de s'en rapporter à MM. de Villèle et Corbière quant à l'opportunité et la convenance d'une acceptation ou d'un refus. Après mûre réflexion, l'un et l'autre ne crurent pas devoir entrer dans la combinaison proposée; malgré la liberté d'action qui leur avait été laissée, le parti qu'ils adoptèrent fut désapprouvé par leurs collègues.

Le roi ouvrit la session le 19 décembre par un discours plein de mesure et de dignité.

La nomination des candidats à la présidence, et celle des vice-présidents et secrétaires de la chambre des députés à une majorité de deux voix contre une, signalèrent le retour dans l'enceinte législative des membres de la chambre brisée par l'ordonnance du 5 septembre, et montra à la France qu'une majorité incontestable de députés royalistes allait concourir à réparer les maux du pays, autant que le permettrait le maintien d'un ministère *d'une opinion* autre que celle de la majorité et la composition de la chambre des pairs.

Le roi, voulant renforcer son ministère dans le sens de la majorité et imposer, pour ainsi dire, à celle-ci par cette concession l'obligation de marcher en harmonie ou du moins sans désaccord marqué avec son gouvernement, se décida à nommer M. Corbière président du conseil de l'instruction publique, et à l'appeler, ainsi que MM. de Villèle et Lainé, à prendre part aux délibérations du conseil comme ministres secrétaires d'État sans portefeuille.

Cette nomination fut bien accueillie par les royalistes; la famille royale et le roi lui-même parurent en éprouver une vive satisfaction; malgré la position fausse où se trouvaient MM. de Villèle et Corbière dans le conseil des ministres, les 160 voix des royalistes dont ils possédaient la confiance devaient leur donner la prépondérance dans le conseil, y fussent-ils en minorité. Néanmoins MM. de Villèle et Corbière ne consentirent à accepter *les propositions qui leur étaient faites* que sur l'insistance de la presque totalité de leurs amis politiques, ceux-ci mettant à ce prix l'adhésion et l'appui qu'il était si important que la majorité des députés accordât au gouvernement du roi.

M. de Villèle, qui n'avait pas de fonctions à exercer comme M. Corbière, mit pour condition à son entrée au conseil qu'il ne recevrait aucun traitement en sa qualité de ministre secrétaire d'État.

M. de Villèle continuant à refuser tout traitement pour une sinécure, M. le duc de Richelieu proposa de créer un nouveau département ministériel, sous le titre d'administration de la guerre, et de le confier à M. de Villèle, qui le repoussa de nouveau comme ne pouvant lui convenir sous aucun rapport.

Le fait suivant montre le changement qui s'était opéré dans l'esprit de Louis XVIII à l'égard des chefs du parti royaliste et les ménagements dont il croyait devoir user envers eux. Le roi fit venir MM. de Villèle et Corbière pour leur parler du prochain voyage de M. Decazes à Paris (le public s'en préoccupait beaucoup), et leur donner l'assurance qu'ils n'avaient rien à en redouter;

il ajouta « qu'à la vérité il lui était fort attaché, » mais qu'une fois hors des affaires, un homme ne » lui adresserait pas impunément un mot indiscret, » que M. Decazes s'y hasarderait moins que tout » autre, sachant qu'il le renverrait sur-le-champ » et ne le reverrait de sa vie. »

Dans la discussion de la loi sur les grains, M. de Villèle prononça plusieurs discours bons à consulter * (14).

Le 11 mai, M. le duc de Richelieu revint encore à la charge, et écrivit à M. de Villèle pour lui offrir le ministère de la marine. Cette proposition eut le sort de celles qui l'avaient précédée **.

Bientôt les royalistes, incomplétement rassurés sur les dispositions de Louis XVIII et sur la marche du ministère, trop incertaine pour leur inspirer une confiance absolue, crurent devoir limiter aux trois premiers mois de la session suivante la concession de la censure. Ils demandaient comme garantie de la politique du gouvernement que MM. de Villèle et Corbière eussent

* *Moniteur* de 1821, page 35 et 592.

** *Moniteur* de 1821, pages 806, 843, 849, 861, 881 et 950. Discours de M. de Villèle sur le budget.

chacun un portefeuille et que celui de la guerre, que l'état de santé de M. de Latour-Maubourg ne lui permettait plus de conserver, fût confié au duc de Bellune.

Les conférences à ce sujet avec M. le duc de Richelieu et M. de Serre n'ayant pu aboutir à un résultat satisfaisant, MM. de Villèle et Corbière firent leurs préparatifs de départ pour quitter Paris immédiatement après la clôture de la session. Ils se rendirent à Saint-Cloud pour en prévenir le roi; toutes les instances qu'il voulut bien faire pour les retenir dans le ministère ne changèrent point leur détermination.

M. de Villèle revint à Toulouse, où sa famille l'avait précédé; il y reçut à la fin de septembre une lettre par laquelle le duc de Richelieu lui demandait son opinion sur la réponse à faire à la Russie, qui proposait au gouvernement français de s'unir à elle pour mettre un terme au massacre des Grecs et aux insupportables vexations des Turcs. L'empereur Alexandre avait écrit lui-même confidentiellement au duc de Richelieu qu'à ses yeux le seul moyen d'obtenir ce résultat était de nous unir à lui, pour chasser une fois pour toutes les Turcs de l'Europe. Il nous offrait de laisser à la France, dans le partage auquel donnerait lieu l'alliance qu'il proposait, la part qui nous conviendrait le mieux, et indiquait les États barbaresques à raison de la proximité de ces possessions. Il allait plus loin encore dans cette phrase de sa lettre : « Prenez le compas et marquez sur la carte ce qui » vous convient, et je me lierai avec vous pour » que vous l'obteniez dans l'accord entre les puis- » sances que nécessitera le remaniement amené par » l'expulsion de ces barbares du voisinage de la » civilisation. »

M. de Villèle engagea M. le duc de Richelieu à répondre que si jamais le partage prévu s'effectuait, la Belgique et les départements du Rhin étaient la seule compensation qui pût être acceptée par la France, de l'accroissement territorial que pourraient recevoir les autres États et de l'augmentation de puissance qui en résulterait pour eux.

Dans les élections qui eurent lieu à la fin de septembre, un grand nombre d'anciens députés et de présidents de collége furent élus; néanmoins le parti libéral gagna 7 voix dans la chambre, 2 voix enlevées aux royalistes, 5 aux ministériels.

M. de Villèle, réélu par le collége de Villefranche, présida ensuite le grand collége de la Haute-Garonne.

Les chambres furent convoquées pour le 5 novembre; les royalistes, mécontents des obstacles que, pendant la présente session, le ministère avait opposés au redressement des injustices commises envers eux, et donnant leur approbation aux motifs qui avaient porté MM. de Villèle et Corbière à cesser de faire partie du conseil comme ministres sans portefeuille, montrèrent fort peu d'empressement à se rendre à la session; et lorsqu'ils furent réunis, ils refusèrent tout accord avec le parti ministériel.

Les députés de l'extrême droite cherchèrent à faire prévaloir une opposition systématique et générale. M. de Villèle, pressé par les lettres de M. le duc de Richelieu et de ses amis, ne crut pas devoir différer son retour à Paris. A son arrivée, il exprima l'opinion contraire, et soutint que le devoir des royalistes était d'éviter les questions personnelles, et de ne pas repousser systématiquement les mesures qui leur paraîtraient d'un intérêt général.

MM. Ravez, de Villèle et Corbière furent élus candidats à la présidence au premier tour de scrutin, M. de Bonald au second, M. de Vaublanc au troisième.

MM. de Béthisy, de Kergorlay, Cornet-d'Incourt et de Castelbajac ne furent nommés secrétaires qu'après plusieurs tours de scrutin, la droite ayant voulu faire prévaloir ses candidats sans alliance avec le centre.

La commission de l'adresse fut composée de MM. de Lalot, de Castelbajac, de La Bourdonnaye, de Vaublanc, Chifflet, Cardonnel, Hocquart, de Meynard et Bonnet.

Le projet d'adresse de la commission fut adopté par la chambre à la majorité de 174 voix contre 88, après une discussion où l'on entendit MM. de Lalot, de La Bourdonnaye et le général Foy, en faveur de l'adresse, et MM. Pasquier, de Serre et Lainé contre.

MM. de Villèle, de Corbière, de Kergorlay, de Béthisy, Cornet-d'Incourt, Josse-Beauvoir et autres, s'abstinrent de prendre part à la discussion, ne voulant pas se faire les champions d'un ministère dont ils ne pouvaient approuver la marche; et d'un autre côté ne jugeant pas à propos de dissimuler leur désapprobation du projet d'adresse, ils votèrent contre.

L'adresse ne fut portée au roi, comme il l'avait ordonné, que par le président de la chambre et deux secrétaires; il la reçut, mais refusa d'en entendre la lecture en disant :

« Je connais l'adresse que vous me présentez; » dans l'exil et la persécution, j'ai soutenu mes » droits, l'honneur de ma race et celui du nom » français; sur le trône, entouré de mon peuple, » je m'indigne à la seule pensée que je pusse jamais » sacrifier l'honneur de la nation et la dignité de » ma couronne. »

La phrase de l'adresse qui avait provoqué les paroles du roi était celle-ci :

« Nous nous félicitons, sire, de nos relations

» constamment amicales avec les puissances étran-
» gères, dans la juste confiance qu'une paix si pré-
» cieuse n'est pas achetée par des sacrifices incom-
» patibles avec l'honneur de la nation et la dignité
» de la couronne. »

Un autre passage de l'adresse faisait allusion à la faiblesse qu'on supposait à tort au duc de Richelieu, de faire bon marché des intérêts de notre agriculture à la Russie, dont les blés d'Odessa inondaient le midi de la France.

Enfin l'adresse réclamait le complément des institutions nécessaires au maintien de la Charte. Ce passage était la part faite à la gauche de la chambre, dont le vote était nécessaire pour faire passer cette adresse inconvenante.

La conduite inhabile et imprévoyante du ministère allait amener sa chute; car, après avoir substitué, dans les élections, l'influence royaliste à celle de la gauche, il avait refusé de donner à la nouvelle opinion dominante des garanties et des représentants dans le ministère.

Mais ce fut contrairement aux intentions et au vote de MM. de Villèle et Corbière qu'une chambre dont la majorité était royaliste adopta une adresse incompatible avec ses principes et ses sentiments.

Ils s'opposèrent de toute leur force à ce que les royalistes donnassent un si funeste exemple, et firent tout ce qui dépendait d'eux pour épargner à l'autorité royale les inconvénients d'un changement de cabinet, devant les tentatives faites pour le lui imposer; ce qui permit au roi de recomposer son ministère sans y appeler aucun de ceux qui l'avaient offensé.

Soit aveuglement sur sa situation, soit prétexte pour obtenir du roi la dissolution de la chambre, le ministère ne craignit point de venir réclamer en quelque sorte un vote de confiance, en portant à la chambre des députés un projet de loi qui demandait la censure pour cinq années.

Ce fut pour MM. de Lalot, Donnadieu et de Castelbajac, une occasion de faire le plus magnifique éloge de Louis XVIII et d'attaquer le ministère avec violence, en l'accusant de tromper le roi.

Le bruit du changement de ministère fut bientôt répandu, et MM. de Villèle et Corbière mandés chez *Monsieur* apprirent de lui qu'effectivement le ministère avait donné sa démission et que le roi les attendait pour les charger de la formation du nouveau cabinet. Ils apprirent également que les ministres avaient vivement pressé le roi de dissoudre la chambre et ne s'étaient décidés à se retirer qu'après avoir échoué dans cette tentative.

MM. de Villèle et Corbière s'étant rendus aux Tuileries firent au roi des objections au projet qui leur avait été communiqué de sa part, de donner la présidence du conseil à M. le duc de Blacas, et lui exprimèrent l'opinion que M. le duc de Richelieu pourrait encore être utile dans ce poste; ils représentèrent au roi que MM. de La Bouillerie ou de Chabrol avaient trop peu d'habitude de la tribune et n'exerçaient pas assez d'influence sur la chambre pour pouvoir être chargés du département des finances, le ministre à qui il serait confié ayant à supporter le fardeau de la discussion du budget.

Malgré le rang inférieur de ce ministère, M. de Villèle n'hésita pas à l'accepter, il venait d'apprendre de la bouche même de Louis XVIII que M. le comte Roy ne pourrait, pas plus que M. le duc de Richelieu et M. de Serre, continuer à faire partie du conseil, ayant pris l'engagement de ne pas se séparer de leurs collègues. M. de Serre venait de repousser la proposition qui lui avait été faite par M. de Villèle de rester dans le ministère, en lui disant que le nouveau cabinet n'aurait pas trois mois d'existence.

M. de Villèle ayant consenti à se charger du portefeuille des finances, la nécessité d'avoir à l'intérieur un ministre en bons rapports avec les membres des chambres lui fit insister auprès du roi pour que ce département, qui lui avait été destiné d'abord, fût confié à son ami M. Corbière.

Les objections du roi contre la nomination de M. le vicomte Mathieu de Montmorency aux affaires étrangères ayant été combattues par M. de Villèle, la nouvelle administration fut composée de M. le duc de Bellune, à la guerre, M. le vicomte de Montmorency, aux affaires étrangères, M. Corbière, à l'intérieur, M. de Villèle, aux finances, M. de Peyronnet, à la justice, et M. le marquis de Clermont-Tonnerre, à la marine; elle fit le lendemain son apparition à la chambre des députés, où son premier acte fut le retrait des deux lois sur la presse présentées par le précédent ministère. C'était un acte de force et de confiance, malgré le jugement qui a pu en être porté par ceux qui n'avaient pas la connaissance exacte du terrain sur lequel était placé le ministère royaliste au moment de son arrivée aux affaires.

Ce n'était pas que les ministres, qui renonçaient à exploiter pour leur compte la demande déjà faite de six années de censure, ignorassent le danger de la liberté laissée au premier venu de déverser le blâme sur tous les actes de l'autorité ; mais ils sentaient que dans la situation donnée, la liberté était le principe de la Charte, la censure l'exception : pour obtenir celle-ci, il fallait que le ministère reconnût sa faiblesse; en demandant aux chambres la censure, il fallait flétrir, en l'entraînant à une apostasie flagrante, cette majorité qui venait de le porter au pouvoir, et lui faire voter ce qu'elle avait refusé, peu de jours avant, à la précédente administration. Cette majorité royaliste était cependant le seul point d'appui du nouveau ministère.

Déconsidérer, mécontenter cette majorité eût été par conséquent une faute capitale. Ce n'était pas d'ailleurs la seule considération déterminante : les membres royalistes de la chambre qui étaient le plus frappés du danger de la licence des journaux, ceux qui étaient le plus convaincus que, sans des mesures préventives, l'autorité ne peut s'en garantir, enfin les amis les plus dévoués des nouveaux ministres furent unanimes pour leur déclarer qu'ils étaient prêts à leur accorder la censure, mais à eux seuls, en la limitant à la durée certaine de leur pouvoir, c'est-à-dire à la durée de la présente session. Car il était à craindre, disaient-ils, qu'à la première occasion favorable, après le départ des députés, le roi ne rappelât M. Decazes près de lui et ne lui confiât de nouveau la direction des affaires, en brisant la chambre, comme cela avait eu lieu par l'ordonnance du 5 septembre.

MM. les ducs de Laval, de Doudeauville, de Narbonne-Pelet et M. le vicomte de Bonald furent nommés ministres d'État, MM. de Kergariou et de Berthier conseillers.

MM. de Curzay, de Florac et de Saint-Luc furent replacés comme préfets.

L'ambassade de Londres, vacante par la démission de M. Decazes, qui avait compris qu'il ne pouvait conserver ce poste sous un ministère royaliste, fut offerte à M. de Chateaubriand, qui l'accepta.

Ces faveurs accordées peu de jours après la formation du ministère furent cependant loin de satisfaire les prétentions de certains royalistes, comme le prouvent les lettres de M. de Chateaubriand à M. de Villèle.

La nouvelle administration pouvait-elle honorablement céder à de telles exigences, et, pourquoi ne pas dire le mot, à des marchés de cette nature, dont M. de Chateaubriand eut la faiblesse de se faire le patron et l'interprète? De pareilles concessions, faites dans l'espoir d'obtenir l'union des royalistes, n'auraient eu pour résultat que d'amener d'incessantes exigences.

Le ministère adopta une marche plus sûre, plus honorable; il fit, pour ceux qui voulurent le suivre par conviction, tout ce que l'intérêt public lui permit de faire, suivant le mérite et la capacité de chacun. Il ne prononça aucune exclusion, mais ne toléra aucune réaction intéressée; il conserva, sans tenir compte des nuances d'opinion, au roi et au pays tous les serviteurs qui pouvaient leur être utiles : aussi, malgré les ennemis que lui valut cette conduite, obtint-il longtemps dans les chambres l'assentiment et l'appui des plus fortes majorités qui se fussent constituées depuis 1814.

M. de Villèle crut devoir proposer au roi d'accorder l'ambassade de Naples à M. de Serre, en récompense du service éminent qu'il avait rendu lors de la discussion de la loi d'élection. Ce choix était justifié par la proposition faite peu de temps auparavant à M. de Serre de rester dans le nouveau ministère comme garde des sceaux, et par l'état de sa santé, déjà gravement atteinte, qui lui rendait le séjour du Midi nécessaire.

La nomination de M. de Serre fut décidée, malgré M. le vicomte de Montmorency, qui voulait faire donner cette ambassade au duc de Laval. Considérant la préférence accordée à M. de Serre sur son parent comme un échec personnel et une sorte d'injure, M. le vicomte de Montmorency écrivit le lendemain à M. de Villèle pour s'en plaindre et lui annoncer son intention de donner sa démission ; il ne réalisa pas sa menace, mais il justifia, en agissant ainsi, l'appréciation que Louis XVIII avait faite de son caractère.

Les membres du nouveau ministère avaient trop vivement protesté contre l'abus qui avait eu lieu, sous le ministère de M. Decazes, de l'arme de la censure, pour pouvoir la conserver. Aussi un de leurs premiers actes avait-il été le retrait de la demande que leurs prédécesseurs venaient d'en faire pour cinq années.

Le projet de loi que le ministère présenta à la chambre rendait la liberté aux journaux, mais avec de nouvelles précautions, une juridiction plus rationnelle, une pénalité plus sévère, enfin en réservant au gouvernement, dans l'intervalle des sessions, la faculté de rétablir par ordonnance la censure, si les circonstances en démontraient la nécessité. La loi fut adoptée par 234 voix; 93 votèrent contre * (15).

On se trompa en confiant aux cours royales la répression des délits de la presse; cette attribution politique, concédée à la magistrature, eut pour le gouvernement les plus fâcheuses conséquences.

A l'occasion des comptes de 1820, M. de Villèle fit un exposé de son système d'administration financière adapté aux formes constitutionnelles établies par la Charte; il insista sur les garanties de vérité et de sûreté que présentait la spécialité des dépenses.

Le général Foy, dans une de ses attaques, faisant

* *Moniteur* de 1822, p 123, 138, 146.

allusion à la constitution délicate et frêle de M. de Villèle, l'avait représenté ironiquement comme l'Hercule du ministère; mais le public avait pris la chose plus au sérieux en désignant bientôt généralement le nouveau cabinet sous le nom de ministère Villèle.

MM. de La Fayette, Demarçay, Foy, Kératry, Voyer-d'Argenson, Benjamin Constant, avaient été indiqués aux initiés des conspirations militaires de Béfort, de La Rochelle et de Saumur, comme devant prendre le commandement des troupes et former un gouvernement provisoire, ainsi que ceux qui ont survécu l'ont fait huit ans plus tard.

Quelque conviction qu'eût le ministère de la participation de ces députés aux complots dont il vient d'être parlé, aucune preuve matérielle ne pouvant être produite, il ne put faire procéder à leur arrestation.

Les débats les plus violents s'élevèrent à ce sujet dans la chambre. Les députés désignés dans une déposition relative au procès du général Berton, comme ayant dû former un gouvernement provisoire, demandèrent à grands cris une enquête, et prétendirent que s'ils n'avaient pas été arrêtés, c'est qu'on n'avait pas osé aller jusque-là.

MM. de Peyronnet et de Martignac ayant pris en vain la parole, et M. de La Bourdonnaye concluant comme la gauche à une enquête, M. de Villèle crut devoir monter à la tribune après M. de La Fayette; le discours * qu'il prononça en cette occasion est certainement un des meilleurs qu'il ait improvisés; l'honnête homme, l'homme juste, le ministre ferme s'y montrent à la fois; il décida la chambre à passer à l'ordre du jour sur la proposition d'enquête. Lors de la discussion sur les comptes de 1821, M. de Villèle défendit généreusement son prédécesseur, M. le comte Roy, qui était accusé de ne pas avoir exercé une surveillance assez grande, et d'être resté longtemps dans l'ignorance des vols considérables faits au trésor par le caissier Mathéo **.

C'est surtout dans la discussion du premier budget présenté par lui que l'on voit se développer le système financier de M. de Villèle; là se montrent et la sagesse de ses vues, et son habileté à défendre, à sauvegarder les intérêts publics, à rectifier les erreurs présentées par des adversaires, enfin à prémunir la majorité contre les piéges tendus à ses bonnes intentions ***.

Les débats auxquels donna lieu la loi des douanes, conçues dans le but de protéger l'agriculture, l'industrie et le commerce intérieur et extérieur de la France, fournirent à M. de Villèle

* *Moniteur* de 1822, page 1144.

** *Moniteur* de 1822, pages 334, 140, 141 et 323.

*** *Moniteur*, pages 533 et 620.

l'occasion de prononcer divers discours * (16).

Dans la discussion du budget, M. de Villèle, répondant à M. Laffitte, démontra l'avantage qu'il y avait pour le crédit public en général et les contribuables en particulier à opérer par une seule négociation la libération définitive de la dette provenant des créances arriérées de l'Empire, au lieu de se livrer à des emprunts successifs. Puis répondant à M. le baron Louis, qui voulait qu'on ne payât pas en vendant des rentes, mais en émettant des valeurs à terme, il fit voir le danger pour l'État d'un mode aussi périlleux qui pourrait, au moindre événement imprévu, laisser le pays non-seulement sans ressources, mais encore sous le poids d'une dette exigible s'élevant à une somme impossible à se procurer à l'échéance, si ce n'est aux conditions les plus onéreuses ** (17).

Le triomphe de la révolution au delà des Pyrénées, amené par l'insurrection militaire de l'île de Léon, ne pouvait qu'être un sujet de vive préoccupation pour un ministère royaliste : aussi un de ses premiers actes fut-il de renforcer le cordon sanitaire établi sur la frontière d'Espagne, et d'augmenter de 50,000 hommes l'effectif de l'armée. Ce n'é-

* *Moniteur*, Discours sur la question des sucres. — *Moniteur*, Discours sur la taxe à imposer à l'introduction des bestiaux étrangers, pages 912 et 913.

** *Moniteur*, pages 1020, 1022, 1036 et 1039.

taient que des précautions, car le ministère désirait pouvoir éviter la guerre; mais il prévoyait que la révolution espagnole serait, comme ses devancières, impuissante à modérer sa marche, et dans cette hypothèse, il voulait être en mesure de parer à toutes les éventualités. Il voulait aussi attendre que la nécessité de la guerre fût devenue incontestable, et il fallait d'une part que la France ne parût point céder à la pression des puissances du Nord; de l'autre qu'elle ne se laissât point compromettre et entraîner par les royalistes espagnols qui guerroyaient sur ses frontières.

C'est dans ces vues que M. de Villèle débuta par faire ajouter 30 millions au budget déjà présenté par son prédécesseur pour le ministère de la guerre, et qu'il se fit allouer par la chambre les moyens de crédit perpétuel pour solder toutes les charges arriérées de l'État et rentrer ainsi au besoin et à volonté dans la libre disposition de tous les effets à terme du trésor, les plus propres à procurer aux dépenses urgentes et éventuelles d'armement les fonds nécessaires.

M. de Villèle, préoccupé de la situation du roi d'Espagne et de la famille royale à Madrid, saisit l'occasion de quelques démarches inconsidérées des constitutionnels espagnols sur nos frontières, coïncidant avec la cessation de la fièvre jaune en Catalogne, pour faire convertir en armée d'observation le rassemblement de troupes françaises de ce côté des Pyrénées, dissimulé jusque-là sous la dénomination de cordon sanitaire.

En renonçant à la censure, qu'il fallait à chaque session demander aux chambres, et en ne se réservant que le droit de la prendre dans les circonstances difficiles dont le ministère serait seul juge, M. de Villèle avait dégagé le gouvernement de l'asservissement du pouvoir parlementaire sous le rapport si important de la presse. En obtenant la tenue de deux sessions consécutives, afin d'avoir dix-huit mois de provisions financières pour tous les services, au lieu de l'épuisement antérieur des dix premiers mois de chaque année, ainsi que cela existait depuis 1815, il parvint aussi à soustraire l'autorité royale à la sujétion de mendier, pour ainsi dire chaque année, des crédits et des levées d'impôts provisoires, ce qui la plaçait dans la dépendance complète des chambres.

M. de Villèle crut devoir refuser la mission que le roi voulait lui donner, à l'exclusion de M. de Montmorency et de tout autre, d'être son représentant au congrès de Vérone; il motiva ce refus sur le juste ressentiment (inévitablement suivi de sa démission et d'un mouvement inopportun dans le ministère) qu'éprouverait de cette disgrâce le ministre des affaires étrangères, auquel semblait appartenir naturellement une telle mission; il insista sur les considérations qui devaient porter le roi à conserver auprès de lui le ministre auquel il paraissait accorder le plus sa confiance, celui qu'il considérait comme ayant le plus d'action et d'influence sur l'opinion publique, celui qui, par ses fonctions spéciales, avait le plus besoin de surveiller, durant cette crise, les effets qu'elle exercerait inévitablement sur le crédit, sur les recettes et sur les dépenses publiques, afin de préparer les ressources financières dont la France aurait incessamment besoin pour remplir avec succès le rôle important auquel elle allait être appelée.

Par suite de ce refus M. le vicomte de Montmorency fut envoyé à Vérone pour y représenter son souverain. MM. de Caraman, de Chateaubriand et de La Ferronnays lui furent adjoints comme plénipotentiaires.

M. de Villèle, chargé de l'intérim des affaires étrangères, rédigea en cette qualité les instructions d'après lesquelles M. de Montmorency dut se diriger durant le congrès; ce fut pour mettre un sceau patent et efficace aux précautions dont le roi crut devoir environner cette mission délicate, qu'avant le départ de M. de Montmorency Louis XVIII lui fit connaître son intention de nommer M. de Villèle président du conseil.

Les instructions confidentielles, toutes de la main de M. de Villèle, enjoignaient à M. de Montmorency de préparer à Vienne et d'obtenir à Vérone l'évacuation des troupes autrichiennes du royaume de Naples et du Piémont; de favoriser la rentrée dans les bonnes grâces du roi de Sardaigne du prince de Carignan, de pénétrer et de surveiller les vues de l'Autriche à l'égard des droits de ce prince à la couronne de Sardaigne; de concourir de tout son pouvoir au maintien de la paix entre la Russie et la Porte, le moment n'étant pas favorable aux intérêts de la France pour entrer avec fruit dans les grandes questions de territoire et de remaniement de quelques États européens, auxquelles la chute inévitable de l'empire ottoman devait donner lieu; d'éviter avec soin de provoquer la discussion du congrès sur la question d'Espagne, la traitant avec assurance et confiance, lorsqu'il serait interpellé, et terminant, lorsqu'il serait définitivement forcé à en dire son dernier mot, par déclarer que la France n'en redoutait rien et se chargeait d'empêcher ce foyer de révolution de compromettre son repos ou celui des autres États; si, comme tout l'annonçait, les souverains insistaient pour intervenir eux-mêmes et par leurs troupes, il devait refuser péremptoirement le passage sur le territoire français, comme contraire à l'honneur et à la dignité du roi et de la France; mais faire tous ses efforts pour tirer de cette disposition belliqueuse des puissances continentales des garanties contre l'appui que le gouvernement anglais pourrait être tenté de donner contre nous à la révolution espagnole, et leur proposer de conclure un traité éventuel par lequel l'Autriche, la Russie et la Prusse assureraient leur intervention dans la guerre en faveur de la France, si, pendant sa durée, l'Angleterre se réunissait à l'Espagne. Enfin il était enjoint aux plénipotentiaires français d'appeler toute l'attention des souverains et des ministres étrangers sur l'état de désordre et d'anarchie dans lequel étaient tombées les anciennes colonies espagnoles de l'Amérique.

Ayant reçu du ministre du roi à Madrid l'avis de l'intention manifestée par la faction révolutionnaire de mettre en jugement, comme compromis dans les affaires de juillet, le frère du roi d'Espagne, don Carlos, ce qui eût été un premier pas vers la mise en jugement du roi lui-même, M. de Villèle proposa au conseil des ministres de mettre immédiatement en marche sur Madrid les trente mille hommes de troupes dont était composée l'armée des Pyrénées. Cette entreprise semblait à M. de Villèle autorisée par les dangers dont la vie du roi d'Espagne et de la famille royale paraissait alors menacée; il la croyait justifiée par les promenades militaires faites sans échec depuis deux mois par Bessières et autres chefs royalistes, qui n'avaient pas au delà de 1,000 à 1,500 hommes sous leurs ordres. La proposition de M. de Villèle ne fut point adoptée par le conseil des ministres, le duc de Bellune s'y étant opposé comme contraire à toutes les règles militaires; mais elle eut pour résultat de faire prendre toutes les dispositions nécessaires pour l'invasion de la Péninsule.

Pendant ce temps, on représentait aux royalistes et aux souverains étrangers réunis à Vérone, M. de Villèle comme uniquement préoccupé de l'intérêt financier de la France et employant toute l'autorité de sa position à faire avorter les bonnes dispositions du congrès. Divers articles de journaux publiés alors peuvent servir à mettre sur la voie de l'origine de ces intrigues.

La lecture des instructions remises aux plénipotentiaires au moment de leur départ pour Vérone et celle de la correspondance de M. de Montmorency avec M. de Villèle pendant le congrès prouvent incontestablement que M. de Montmorency, fasciné par l'accueil et les flatteries des souverains et des ministres étrangers, s'était laissé entraîner à prendre devant le congrès, ou du moins devant la conférence des ministres dirigeants, le rôle de rapporteur de l'affaire d'Espagne, qui lui avait été interdit par ses instructions; il avait même consenti à l'envoi à Madrid d'une note concertée entre les quatre puissances, laquelle devait décider, pour la France, la question d'une guerre dont elle aurait seule à supporter le poids.

On voit aussi dans les lettres écrites de Vérone à M. de Villèle par MM. de Montmorency et de Chateaubriand avec quel dédain avait été accueilli l'ordre donné aux plénipotentiaires français de fixer l'attention des souverains sur l'immense question des mesures à prendre à l'égard de l'Amérique espagnole. Les plénipotentiaires français eux-mêmes n'y virent qu'une question d'insurgés et de négociants, sans prendre en considération l'impossibilité où était l'Espagne de reconquérir ses colonies, et l'impossibilité pour ces colonies elles-mêmes de se soustraire à la désorganisation et à l'anarchie; car, ainsi que M. de Villèle le disait à cette époque, ne se donne pas un gouvernement qui veut.

On ne voyait pas combien s'éloignaient des vrais principes qu'ils professaient et de la mission d'ordre public qu'ils prenaient et voulaient accomplir, les souverains qui, réunis pour ôter au monde le dangereux exemple de royaumes bouleversés par la révolte et les idées révolutionnaires, ne craignaient point de livrer aux factions, pour des siècles, une aussi notable portion du globe que ces vastes et riches contrées, émancipées déjà de fait et sans retour.

La correspondance de M. de Montmorency et divers extraits des propres lettres de M. de Chateaubriand contredisent formellement ce que celui-ci a cherché à établir, qu'il avait joué le principal rôle à Vérone, se donnant le mérite d'avoir décidé l'intervention de la France en Espagne (18).

Un article contre cette intervention, évidemment écrit à l'instigation des ennemis de M. de Villèle, parut alors dans le *Journal des Débats;* cet article, reproduit le lendemain dans le *Moniteur*, journal officiel, et par conséquent censé ne rapporter que l'expression des vues du président du conseil, fit considérer bien injustement M. de Villèle comme opposé à toute mesure contre les révolutionnaires espagnols. L'article des *Débats* et son insertion au *Moniteur* ne furent connus du ministre qu'en même temps que du public, et il ne crut pas pouvoir le désavouer sans dévoiler, dans un intérêt personnel, les intentions du gouvernement, quand le moment de le faire n'était pas encore venu.

M. de Villèle resta chargé du portefeuille des affaires étrangères pendant l'absence de M. de Montmorency; en cette qualité il adressa au gouvernement britannique la note remise par M. de Marcellus à M. Canning * (19). On remarquera dans ce document important la fermeté du langage de la France à cette époque.

Cependant, M. de Montmorency, dans sa correspondance, laisse percer la crainte que celui qui venait de parler si haut à l'Angleterre ne voulût mettre

* Marcellus, *Politique de la Restauration*, page 155.

la France à la remorque de cette puissance; il reconnaît ne pas avoir osé laver du reproche de vouloir la paix à tout prix avec l'Espagne celui qui, sur la menace du procès des infants, avait proposé de rappeler le ministre du roi et de mettre l'armée d'observation en marche sur Madrid. M. de Montmorency avouait ingénument qu'il eût aidé par là à augmenter l'exaltation belliqueuse de l'empereur Alexandre, et il préférait laisser prévaloir dans l'esprit de ce souverain des préventions contraires aux intérêts de la France et à l'honneur de celui à qui il se reconnaissait redevable du ministère qu'il occupait et de la haute mission qu'il avait à remplir.

Néanmoins, M. le vicomte de Montmorency, à son retour de Vérone, fut, sur la proposition de M. de Villèle, créé duc, en récompense du traité éventuel qu'il avait conclu avec les trois puissances continentales, conformément à ses instructions.

M. de Villèle ne crut pas devoir donner son approbation à la note concertée à Vérone entre M. de Montmorency et les ministres des autres puissances, note qui devait être envoyée à Madrid et suivie du retrait des ambassadeurs; il proposa d'y introduire les modifications que la position toute spéciale du roi et de la France vis-à-vis de l'Espagne lui paraissait exiger. Ce dissentiment fut bientôt connu, envenimé et exploité par tous les hommes intéressés par leur propre ambition à un changement dans le ministère; ils s'efforcèrent de rendre définitive la scission que cet incident avait fait naître entre les deux ministres.

Pendant la discussion fort animée qui eut lieu à ce sujet dans le conseil, M. de Villèle insistant sur l'importance des modifications qu'il croyait devoir réclamer, avait sa démission placée ostensiblement sur son portefeuille. M. de Montmorency persista de son côté à repousser toute modification, trouvant son honneur compromis, si le roi ne ratifiait pas les engagements pris par lui à Vérone, quoique ces engagements fussent contraires à ses instructions et subordonnés à la ratification de Sa Majesté. C'est là ce que démontre l'extrait suivant de la correspondance de M. de Montmorency :

« Vérone, le 11 novembre.

» J'ai répété que je n'étais pas autorisé à promettre le rappel de notre ministre, dans le cas » même où les trois alliés rappelleraient les leurs; » que je ne pouvais présenter qu'un projet conditionnel, une simple espérance, et que le tout ne » pouvait être confirmé ou décidé que lorsque j'aurais pu conférer avec mes collègues et prendre » les ordres directs du roi. Il a donc été entendu » dès hier, dans une réunion des quatre chefs de » cabinet, que du moment où les notes ou projets

» d'instructions auraient été arrêtés par chacun et » soumis à une sorte d'examen ou de censure amicale des autres, je porterais le tout à Paris pour » écrire de là ce que notre cabinet croirait pouvoir » faire ou promettre de son côté.

» MONTMORENCY. »

Le roi, après avoir entendu l'opinion motivée de chacun de ses ministres, résumant lui-même la discussion, termina par ces paroles pleines de force et de dignité, décidant ainsi la question dans le sens de M. de Villèle :

« Louis XIV a détruit les Pyrénées, je ne les » laisserai pas relever; il a placé ma maison sur » le trône d'Espagne, je ne la laisserai pas tomber; » les autres souverains n'ont pas les mêmes devoirs » à remplir que moi; mon ambassadeur ne doit » quitter Madrid que le jour où cent mille Fran- » çais s'avanceront pour le remplacer. »

M. de Montmorency donna immédiatement sa démission, et M. de Villèle fut, après le conseil, chargé par le roi d'offrir le portefeuille des affaires étrangères à M. de Chateaubriand, avec la recommandation expresse de ne faire la proposition qu'en son propre nom, Louis XVIII ayant été prévenu que M. de Chateaubriand avait promis à M. de Montmorency de ne pas accepter le ministère des affaires étrangères.

La réponse de M. de Chateaubriand à M. de Villèle (20) peut faire apprécier ce qu'il y avait de fondé dans cette supposition.

Le roi fut déterminé au choix de M. de Chateaubriand par le désir de témoigner et de garantir à ses alliés par la nomination d'un autre de ses plénipotentiaires, que le remplacement de M. de Montmorency ne changerait rien à ses dispositions relativement aux conventions et traités conclus à Vérone, sauf à l'envoi simultané des notes et au rappel immédiat de son ambassadeur à Madrid.

La dépêche ci-jointe (21) fut adressée le jour même de la démission de M. de Montmorency, par M. de Villèle, comme chargé de l'intérim des affaires étrangères, à M. de Lagarde, ministre du roi à Madrid; cette dépêche indique la marche suivie par le congrès dans l'affaire d'Espagne, les décisions prises par les souverains alliés à l'égard de son gouvernement, et les modifications que la position toute spéciale du roi et de la France avait décidé le gouvernement de Sa Majesté à adopter.

Le désaccord qui se manifesta dès l'origine sur la question d'Espagne entre M. de Villèle et M. de Montmorency provint de ce que ce dernier se flattait de faire secouer à l'Espagne le joug révolutionnaire par la régence d'Urgel et les guerrillas royalistes au moyen de secours clandestins; tandis que M. de Villèle considérait cette manière d'agir comme compromettante et illusoire, et avait en conséquence fait arrêter à la frontière par les douaniers les envois d'armes et de munitions aux royalistes de la Catalogne, expédiés par M. de Montmorency, en opposition avec les décisions du conseil des ministres.

Leur manière d'envisager la réunion du congrès de Vérone avait également été différente. M. de Montmorency et ses amis s'en étaient félicités, n'ayant vu dans ce congrès qu'une occasion favorable pour faire rétablir en Espagne l'autorité légitime, comme elle venait de l'être en Italie par le concours de l'Autriche et de la sainte-alliance. M. de Villèle, au contraire, avait considéré cette réunion comme un acte inopportun et propre seulement à embarrasser les mesures qu'il était dans l'intérêt et dans les intentions du gouvernement français de prendre par rapport à l'Espagne, pour maintenir Ferdinand sur le trône et empêcher l'Angleterre d'y substituer son influence à celle de la France.

M. de Lagarde, après avoir remis au ministère espagnol la note rédigée par M. de Villèle dont l'adoption avait amené la retraite de M. de Montmorency, quitta Madrid le jour où Louis XVIII déclara, dans le discours d'ouverture de la session des chambres, « que cent mille Français, sous le » commandement de son neveu, allaient entrer » dans la Péninsule pour délivrer le roi et le peuple » espagnol de l'oppression révolutionnaire. »

La guerre d'Espagne a été jugée d'une manière bien diverse avant et après le succès. Avant l'expédition, le souvenir des guerres de l'Empire dans la Péninsule, devenue le tombeau de nos meilleurs soldats, faisait considérer l'entreprise comme pleine de dangers. Après un succès complet obtenu en quelques mois, on n'a plus voulu tenir compte des obstacles nombreux dont le gouvernement de la Restauration avait su triompher. Rien ne peut les mieux faire apprécier que la correspondance (22) qui eut lieu pendant toute la durée de la campagne entre M. le duc d'Angoulême, général en chef de l'armée, et M. de Villèle, chargé comme président du conseil des ministres de lui en faire connaître les décisions et de lui transmettre les ordres du roi.

Lorsque les ministres reçus par M. le duc d'Angoulême avant son départ pour l'armée lui remirent les instructions politiques délibérées en conseil et destinées à lui servir de direction, il leur dit qu'il s'y conformerait, mais qu'il était autorisé par le roi à ne correspondre dans toutes les questions qui se présenteraient, et sur quelque sujet que ce fût, qu'avec le président du conseil : ce qu'il fit exactement durant toute la campagne.

Cette correspondance presque journalière montre la part que prit M. de Villèle non-seulement dans la direction des affaires politiques, mais aussi dans celle des opérations militaires de la guerre d'Espagne; elle fait ressortir, d'une part, sa prévoyance et ses craintes en apprenant le départ de M. Ouvrard pour Bayonne ; ses efforts persévérants pour éviter le traité avec ce munitionnaire général, et ensuite pour le modifier ou l'annuler, de l'autre la persistance des employés supérieurs de l'administration de la guerre à refuser de se charger du service de l'approvisionnement de l'armée.

Cette correspondance met aussi à même d'apprécier les difficultés des relations avec la régence d'Urgel, avec la junte établie sous la présidence du général Eguia, avec le conseil de régence présidé par le duc de l'Infantado, avec le roi Ferdinand lui-même rendu à la liberté et remonté sur son trône; elle fait ressortir tout ce qu'il a fallu de sagesse, de ménagements, de sacrifices pour conduire à bonne fin une pareille entreprise. Elle montre le soin extrême que prenait M. de Villèle de ne donner aucun prétexte à l'intervention de l'Angleterre, mais en même temps sa résolution bien arrêtée et non dissimulée de ne pas la souffrir.

Cette correspondance révèle aussi le débat intérieur et consciencieux du ministre des finances, économe par devoir des fonds du trésor et des contribuables, et du même ministre agissant comme président du conseil, et en cette qualité comprenant que, dans une pareille entreprise, l'argent est pour beaucoup dans le succès et ne doit pas être épargné, et veillant avec le plus grand soin à ce que les caisses de l'armée soient toujours abondamment pourvues.

La sollicitude de M. de Villèle s'étendait également aux finances de l'Espagne : il s'opposa, pendant toute la campagne, aux emprunts qui eussent compromis l'avenir de ce royaume et créé des embarras au roi et au pays que l'on allait délivrer.

M. de Villèle crut devoir désapprouver l'ordonnance d'Andujar, comme impolitique et contraire aux engagements pris par la proclamation du duc d'Angoulême à son entrée en Espagne. Elle ne fut point insérée au *Moniteur* et fut rapportée peu de jours après.

Si la délivrance de Ferdinand VII et l'affranchissement de l'Espagne du joug révolutionnaire n'ont pas produit tous les résultats que l'on devait en attendre, la responsabilité doit-elle remonter à ceux qui ont conçu, exécuté l'œuvre de leur délivrance, mais qui n'ont pas cru pouvoir imposer, au nom du service rendu, une politique, un système de gouvernement que repoussaient également le souverain et la grande majorité de la nation espagnole? Certes, les conseils de sagesse et de modération ne leur ont pas manqué de la part du gouvernement français; mais ils recevaient en même temps des autres cabinets, jaloux de l'influence de la France, des conseils plus propres à flatter leurs passions.

M. le duc d'Angoulême, à son retour d'une expédition qu'il avait si glorieusement terminée, exigea le renvoi de M. le duc de Bellune, perte regrettable pour le ministère, malgré les négligences de son administration, sous le rapport de l'approvisionnement des troupes au début de la guerre d'Espagne.

Les passions politiques ont cherché à plusieurs reprises à s'emparer d'une phrase d'un discours de M. de Villèle, inexactement reproduite, pour en faire une arme contre la Restauration.

Dans la discussion qui eut lieu sur la réponse que la chambre des députés avait à faire au discours du roi, M. de Villèle, résumant ce que chacun des opposants avait dit contre la direction politique indiquée dans le discours du trône, fut naturellement amené à démontrer l'inconséquence des orateurs qui, après s'être armés contre la politique du gouvernement de tout ce qu'offrait de préférable l'état de paix à l'état de guerre, avaient été égarés par leurs passions, jusqu'à vouloir précipiter le pays dans une guerre bien plus périlleuse : celle de la France seule, ou bien faiblement secondée par des peuples désorganisés et dans l'anarchie, contre toutes les puissances de l'Europe; M. de Villèle avait terminé ces observations par ces mots qui signalaient la contradiction des arguments qu'il combattait :

« Comment les orateurs auxquels je réponds » n'ont-ils pas vu, que dans leur système nous per- » dions, comme dans celui du discours du roi, les » avantages de la paix et que nous courions toutes » les chances de la guerre, avec ce seul changement, » qu'au lieu de la faire du côté des Pyrénées, c'est » sur les bords du Rhin qu'il faudrait la faire? »

Le lendemain parut dans le *Courrier* et le *Commerce* un prétendu compte rendu de la séance secrète de la veille, propre à égarer l'opinion publique; non-seulement la publication était illégale, mais l'assertion en elle-même était fausse et mensongère. Le soir même, les deux journaux furent saisis à la requête du ministère public :

1° Pour avoir, contrairement aux lois, publié un prétendu compte rendu d'un comité secret de la chambre des députés;

2° Pour l'avoir falsifié en mettant dans la bouche d'un ministre un discours qu'il n'avait pas tenu.

Cette poursuite immédiate et annoncée le lendemain dans le *Moniteur*, deux jugements consécutifs condamnant le *Courrier* et le *Commerce* aux peines les plus sévères, comme coupables des deux délits dont ils avaient été accusés, auraient dû suffire pour faire justice de l'accusation calomnieuse dirigée contre M. de Villèle : car dans la discussion publique qui s'ouvrit peu de jours après sur les affaires d'Espagne (discussion si remarquable par la violence de l'opposition, et par le discours auquel M. Manuel dut son expulsion de la chambre des députés), au milieu des attaques dirigées contre la politique de M. de Villèle, comme des personnalités auxquelles il fut en butte, aucun orateur ne crut pouvoir s'armer contre le ministre du sens torturé qu'on avait cherché à donner à son prétendu langage dans le comité secret. Évidemment la passion politique et l'habileté de ses adversaires se seraient emparées d'un argument aussi décisif, s'il avait été réellement fourni par lui peu de jours auparavant. Les discours des orateurs de l'opposition sont en entier au *Moniteur*. Ni la réponse que leur fit M. de Villèle ni ces discours ne contiennent un seul mot qui ait rapport à cette interprétation, qui certes serait devenue le principal sujet de la discussion si les paroles attribuées à M. de Villèle eussent présenté le moindre caractère de vraisemblance.

Les paroles prononcées à la tribune par M. de Villèle étaient toutes empreintes de prudence et de logique (traits caractéristiques de son langage). Lui imputer la phrase dont il s'agit, c'était le mettre en contradiction avec lui-même; c'était le montrer livrant à ses adversaires, le moyen de combattre victorieusement ses desseins. Car, représenter la guerre d'Espagne comme imposée à la France par les puissances du Nord, c'eût été la rendre honteuse pour son roi, pour son pays, pour lui-même, qui ne pouvait la défendre et la faire adopter par les chambres et par le pays qu'au nom de l'intérêt et de l'honneur de la France.

Le sens donné aux paroles de M. de Villèle en faisait non-seulement un mensonge, mais une inconséquence inexplicable, une faute grossière contre lesquels protestent tous les actes et tous les discours de sa longue carrière politique et parlementaire.

M. de Chateaubriand, peu suspect de partialité quand il s'agit d'un témoignage en faveur de M. de Villèle, dans son histoire du congrès de Vérone, parle de cet incident dans des termes conformes à ce que l'on vient de lire.

Les préoccupations et la direction des affaires étrangères n'empêchaient point M. de Villèle de poursuivre les améliorations qu'il avait en vue d'introduire dans l'administration. Malgré les circonstances si graves dans lesquelles la France se trouvait, il présenta à la chambre des députés deux projets de loi, l'un concernant la dotation de la chambre des pairs, l'autre le budget définitif de la chambre des députés, afin de faire sortir ces deux pouvoirs de la position précaire et même blessante, sous certains rapports, qui leur avait été faite. Le projet concernant la chambre des pairs amena à la chambre des députés des discussions orageuses qui firent ajourner cette loi à une autre session.

Une ordonnance contre-signée par M. de Villèle, rétablit les propriétaires des canaux du Midi, d'Orléans et de Loing dans le plein exercice de leurs droits à l'administration de ces canaux, et prescrivit les mesures propres à garantir désormais à tous les actionnaires la conservation de leurs intérêts respectifs.

Les discussions qui eurent lieu dans les deux chambres sur le discours du roi, sur le vote des cent millions, sur l'appel des vétérans, sur le budget et sur différentes mesures financières montrent M. de Villèle constamment à la tribune pour y donner, avec la clarté, la netteté, la précision qui étaient le propre de son talent, toutes les explications de nature à éclairer l'opinion publique. On peut en juger par les discours qu'il a prononcés dans la séance du 21 avril * (23).

Les discussions qui eurent lieu prouvent combien les membres de la chambre des députés étaient peu disposés alors à fonder les libertés locales sur les bases du droit commun, et justifient peut-être

* *Moniteur* de 1823, pages 513, 516, 517 et 518.

M. de Villèle de n'avoir pas introduit une si notable amélioration dans le système administratif de la France.

Les membres de l'extrême droite s'efforcèrent dans ces discussions d'acquérir, par leurs attaques contre le ministère, la popularité qu'obtient trop facilement en France l'opposition, et cherchèrent dans ce but à profiter de l'abstention des membres de la gauche à la suite de l'expulsion de M. Manuel, sans considérer que le caractère national, l'état des partis et la situation du gouvernement ne permettaient pas ces mêmes attaques qui, dans un pays à mœurs constitutionnelles plus avancées, n'auraient présenté aucun danger. Les événements ont démontré tout ce qu'avait de fatal pour la monarchie la division des royalistes; ils ne prévoyaient pas sans doute qu'ils travaillaient à démanteler la place que leurs principes leur faisaient un devoir de défendre, et que leurs attaques tourneraient au profit des ennemis de la royauté.

M. de Villèle avait obtenu des chambres l'autorisation d'émettre cent millions de bons du trésor pour faire face aux dépenses extraordinaires de la guerre; mais, convaincu du danger d'une dette flottante trop considérable, il pensa à la réduire par un emprunt; cet emprunt fut adjugé à la maison Rothschild au taux de 89 fr. 55 c.; les autres compagnies n'ayant, dans leurs soumissions cachetées, porté leurs offres qu'à 87 francs 75 cent. C'était une opération de plus de 400 millions qui débarrassait la France, à un taux raisonnable, d'une dette exigible exorbitante provenant en majeure partie des reconnaissances de liquidation de l'arriéré de l'Empire. Le succès de cette mesure contribua à donner l'élan au crédit; en quelque mois le 5 p. 0/0 atteignit le pair et offrit par là les moyens de réduire à 4 p. 0/0 l'intérêt de la dette publique.

Une ordonnance du roi du 10 décembre, rendue sur le rapport de M. de Villèle, compléta le système de comptabilité préparé par les ordonnances précédentes, et notamment par celle du 14 septembre 1822; ce système donna à la comptabilité des finances la plus grande lucidité et fournit aux chambres les garanties les plus complètes.

Les circonstances paraissant favorables pour faire un appel à l'opinion et renouveler intégralement la chambre des députés, la dissolution en fut prononcée le 24 décembre 1823.

Le *Moniteur* du 23 décembre annonça une création de vingt-sept pairs, déterminée sans doute par la position de minorité évidente dans laquelle tout ministère royaliste se trouvait à la chambre haute depuis que M. Decazes y avait introduit soixante de ses partisans. Cette nomination, insuffisante pour déplacer la majorité, eut le grand inconvénient d'affaiblir le côté droit de la chambre des députés, les choix ayant porté naturellement sur les membres de cette chambre qui présentaient le plus de garanties par leurs principes et qui avaient le plus d'importance par leur position sociale et leur influence personnelle. Le ministère s'affaiblit ainsi d'un côté sans se fortifier suffisamment de l'autre.

L'empereur Alexandre ayant envoyé la grand'-croix de l'un de ses ordres à MM. de Montmorency et de Chateaubriand sans l'envoyer en même temps à M. de Villèle, Louis XVIII fut très-blessé de ce que l'on eût exclu de cette faveur le président de son conseil, celui qui était reconnu pour posséder le plus sa confiance. « Pozzo et La Ferronnays viennent » de me faire donner un soufflet sur votre joue par » l'empereur Alexandre, dit-il à M. de Villèle; mais » je vais lui donner chasse et le payer en monnaie » de meilleur aloi : je vous nomme, mon cher Vil- » lèle, chevalier de mes ordres; ils valent mieux » que les siens. »

C'est ainsi que M. de Villèle reçut des mains du roi l'ordre du Saint-Esprit; l'exclusion dont il avait été frappé dans le partage des faveurs de l'étranger prouverait au besoin qu'il avait suivi une politique toute française dans les questions traitées au congrès de Vérone.

La mission de M. le vicomte de Marcellus à Madrid, en janvier 1824, témoigne de la sollicitude de M. de Villèle pour obtenir de Ferdinand VII la reconnaissance de la dette contractée envers la France, la rentrée des prisonniers espagnols faits pendant la campagne, une amnistie, l'ouverture des ports des colonies espagnoles aux pavillons étrangers et certaines conventions d'une moindre importance; ces efforts ne furent pas couronnés d'un succès immédiat. Cependant M. le marquis de Talaru, en quittant Madrid, emporta, signé par les deux cours, le traité relatif à l'occupation d'une partie de l'Espagne par les troupes françaises.

Des discussions assez vives eurent lieu à ce sujet dans le parlement anglais. M. Canning, qui savait que l'intervention de l'Angleterre ne serait pas plus tolérée par la France, dans cette question de l'occupation, qu'elle ne l'aurait été dans la question de la guerre, fut amené à convenir que l'occupation était dans l'intérêt de l'humanité, quoiqu'elle ne fût point dans l'intérêt de l'Angleterre.

Dans une discussion sur les colonies espagnoles qui eut lieu peu de temps après dans le parlement britannique, les divers partis se montrèrent d'accord pour déclarer que l'Angleterre ne devait pas souffrir plus longtemps que ses relations commerciales avec les colonies espagnoles d'Amérique fussent entravées, défiant insolemment l'Espagne, la France et les autres États d'y mettre obstacle. Les puissances continentales furent ainsi punies de n'avoir voulu considérer cette question que sous son aspect révolutionnaire, et non au point de vue de l'humanité, de l'ordre public, des relations internationales et commerciales, comme M. de Villèle s'était en vain efforcé de le démontrer au congrès de Vérone, en même temps qu'il conseillait à l'Espagne de céder ce qu'elle ne pouvait plus conserver, d'établir dans ses anciennes possessions des infants à la tête de gouvernements monarchiques, et de borner ses prétentions à y obtenir des avantages commerciaux.

La rente 5 p. 0/0 ayant atteint le cours de 100 fr., M. de Villèle fut frappé de l'utilité, de la nécessité de rembourser ce fonds avant qu'il eût dépassé le pair, dans le but, qu'il considérait comme un devoir impérieux, de faire refluer les capitaux vers l'agriculture et l'industrie, de diminuer les charges du pays, d'abaisser le taux de l'intérêt de l'argent et de développer le crédit de la France.

Après avoir soumis la question au conseil des ministres, M. de Villèle crut en outre devoir consulter les hommes dont le nom avait le plus d'autorité en matière de finances, entre autres MM. les comtes Roy et Mollien, qui donnèrent leur approbation au projet et dont les objections ne portèrent que sur les difficultés d'exécution (24).

M. de Villèle réunit ensuite les principaux banquiers français et étrangers, MM. Laffitte, Rothschild, Baring, etc., etc., pour leur donner connaissance de son projet et s'assurer de leur concours. Ce ne fut qu'après de longues conférences que M. de Villèle parvint à mettre d'accord ces puissances financières et à leur faire signer une convention qui devait assurer l'exécution de la loi, en mettant à la disposition du gouvernement les fonds nécessaires pour rembourser les rentiers qui n'accepteraient point la conversion.

Lorsque M. de Villèle avait soumis le projet de loi du remboursement des rentes au conseil des ministres, M. de Chateaubriand s'en était déclaré partisan et s'était même montré très-désireux de voir conclure avec les banquiers cette convention, afin que le roi, dans le discours d'ouverture de la session des chambres, pût annoncer la grande mesure dont le gouvernement s'était préoccupé.

L'indemnité à accorder aux propriétaires spoliés par les lois révolutionnaires avait aussi été arrêtée en principe; Louis XVIII, qui la considérait non-seulement comme une mesure de saine politique et de haute moralité, mais aussi comme un acte de réparation qui importait au calme de sa conscience, attacha d'autant plus d'intérêt à la loi des rentes, qu'elle lui paraissait assurer l'exécution du projet d'indemnité sans imposer de nouvelles charges à ses peuples.

L'empire du roi sur lui-même lui fit, à l'occasion de l'ouverture des chambres, surmonter ses souffrances et les difficultés de la lecture de son discours. Ses forces physiques diminuaient chaque jour; mais il comprenait que la crainte d'un changement de règne, qu'aurait pu faire naître la connaissance de son état d'affaiblissement, s'il s'était abstenu de paraître à la séance d'ouverture, pouvait compromettre le succès de mesures auxquelles il attachait tant de prix.

Le résultat des élections générales avait dépassé même les espérances du ministère ; 413 royalistes avaient été nommés et seulement 17 libéraux : tant l'opinion est disposée en France à se porter du côté du parti vainqueur !

Les opérations préliminaires de constitution de la chambre des députés et la discussion de la réponse à faire au discours du trône ne présentèrent aucune difficulté. Cependant de fâcheux symptômes de division se manifestaient parmi les royalistes; une opposition jalouse et malveillante commençait à s'organiser dans la presse, dans les chambres et à la cour; elle s'était déjà montrée, à l'occasion de la guerre d'Espagne, à laquelle elle avait accusé injustement M. de Villèle d'être opposé par de mesquines considérations d'économie. La sortie de M. de Montmorency du ministère avait jeté dans l'opposition la *Quotidienne*, comme le renvoi de M. de Chateaubriand y jeta bientôt après le *Journal des Débats*.

Déjà l'on pouvait prévoir que M. de Chateaubriand, qui n'avait pu dissimuler sa jalousie à l'occasion du cordon bleu accordé à M. de Villèle, ni son mauvais vouloir lors de la discussion dans le conseil du projet de loi de la septennalité, chercherait à profiter de toutes les difficultés de la loi des rentes pour tenter de se débarrasser d'un président du conseil dont l'influence prédominante blessait son amour-propre.

M. de Villèle, qui connaissait toutes les exigences du gouvernement représentatif, ne négligea pas de donner à ses amis, à ses anciens collègues de 1815, qui formaient le noyau de la majorité, les explications nécessaires pour leur faire comprendre tous les avantages de la conversion des rentes. C'était d'autant plus indispensable, que peu de personnes comprenaient bien cette question et que l'opinion publique n'était point préparée à une telle mesure. Elle avait contre elle tous les intérêts qu'elle devait inévitablement froisser et était mal défendue par ceux-là mêmes qui devaient en profiter; ils semblaient n'avoir compris ni l'économie de quarante millions qui devait en résulter pour l'État, en diminuant d'autant leurs charges, ni les autres avantages que nous avons énumérés.

Il est aujourd'hui impossible de se figurer les

efforts tentés de toutes parts, dès que le projet du ministre fut connu, pour faire repousser cette mesure d'intérêt général. Tous les adversaires du ministère Villèle, quel que fût leur mobile, tous les ennemis du gouvernement royal se coalisèrent contre la loi; en amener le rejet, c'était, pour les uns, renverser le ministère, pour les autres, la royauté. Ils trouvèrent naturellement un écho et un appui dans les rentiers; ceux-ci oubliaient que les rentes 5 p. 0/0, pour lesquelles on leur offrait un capital de 100 francs, avaient été naguère achetées par eux au prix de 50 à 80 francs; ils n'apercevaient pas que la création des rentes 3 p. 0/0, qui leur étaient proposées en échange, au taux de 75 francs, leur offrait de nouvelles chances d'augmentation de capital, tandis que, sous ce rapport, le 5 p. 0/0 arrivé au pair, était un fonds sans avenir.

Cette mesure semblait aux habitants de la capitale, qui possédaient alors les huit dixièmes des rentes, une loi de spoliation, un vol qui leur enlevait le cinquième de leur revenu; toutes les passions étaient mises en jeu, et sans la réputation de force et de fermeté dont jouissait alors le gouvernement, il y aurait eu certainement des troubles à redouter, pendant les six semaines que dura la discussion dans les deux chambres.

Aujourd'hui l'opinion est unanime sur les avantages que présentait cette mesure, de même que sur la question de droit et d'opportunité. Il n'en était pas de même alors, et M. Laffitte put dire avec raison à M. de Villèle, quelques jours après le rejet de la loi : « Monsieur le ministre, vous avez eu le » grand tort de voir plus vite et plus juste que les » autres. »

Après une longue discussion et le rejet de nombreux amendements, la loi fut adoptée à la chambre des députés par 238 voix contre 145, toutes les nuances d'opposition ayant réuni leurs efforts. (Les divers discours prononcés par M. de Villèle sur cette question importante sont au *Moniteur* de 1824, p. 500 et suivantes.)

La loi, portée à la chambre des pairs, dont la plupart des membres étaient, comme détenteurs de rentes, personnellement intéressés dans la question, fut renvoyée à une commission dont la majorité était hostile à la loi. Cependant le rapport ne conclut pas au rejet; mais, exagérant les inconvénients de la loi et atténuant ses avantages, il en compromit le succès par des concessions fatales.

La discussion fut ouverte par un discours de M. le comte Roy, qui vint combattre le projet de loi, quoiqu'il eût donné son approbation à la mesure lorsqu'il avait été consulté par M. de Villèle. Par une délicatesse et une élévation de sentiments que chacun peut apprécier, M. de Villèle ne voulut point pour répondre à M. Roy pas plus qu'à M. Mollien, qui vint plus tard également attaquer la loi, faire usage des lettres d'approbation qu'il avait reçues de l'un et de l'autre (24); cependant par là tout crédit eût été ôté à leur opposition, et suivant les probabilités, le vote de la loi eût été acquis au gouvernement.

M. de Villèle ne dissimula pas à M. de Chateaubriand qu'il voyait bien la part que son influence avait dans l'action des journalistes, des faiseurs de brochures et des pairs contre une mesure qu'il avait cependant approuvée au conseil, dont il avait même pressé l'exécution ; M. de Chateaubriand s'en défendit, mais se garda bien de prendre la parole en faveur de la loi, comme c'était son devoir, après ce qui s'était passé au conseil des ministres, comme le firent ses collègues MM. de Chabrol et Corbière.

M. l'archevêque de Paris crut aussi devoir intervenir dans la discussion, mais dans un sens hostile à la loi.

Jamais, dans sa longue carrière parlementaire, M. de Villèle ne fit preuve de plus de logique et de lucidité que dans le cours de cette discussion. Sa conviction quant à l'utilité de la mesure lui fit soutenir avec persévérance jusqu'au dernier moment une lutte qui durait depuis si longtemps, et sur le résultat de laquelle il ne pouvait cependant plus se faire d'illusion.

Un amendement de M. Roy, quoique absurde et destructif de la loi, n'avait été rejeté qu'à 2 voix de majorité.

Un autre amendement de M. Mollien ne fut repoussé qu'à la majorité de 16 voix.

Louis XVIII attachait la plus grande importance à l'adoption de la loi, il exigea de son ministre une concession en faveur des petits rentiers; elle fut annoncée à la chambre avant le vote sur le premier paragraphe, qui n'en fut pas moins rejeté par 15 voix de majorité. La chambre restait comme stupéfaite et dans l'indécision sur ce qu'il y avait à faire après ce vote; M. de Villèle, conservant son calme ordinaire, monta immédiatement à la tribune pour faire sentir qu'il était indispensable de voter sur l'ensemble d'un projet présenté par le gouvernement : il fut n définitive repoussé par une majorité de 34 voix.

La mesure de la conversion des rentes, qui devait avoir une si grande influence sur les finances du pays, sur son crédit, sur les charges que supportent les contribuables, vint ainsi échouer devant quelques misérables intérêts.

Le roi ne se faisait point d'illusion sur les vues ambitieuses, cupides et révolutionnaires qui avaient déterminé le rejet de la loi; en l'apprenant aussitôt après la séance par M. de Villèle, il lui adressa avec émotion ces paroles : « Villèle, ne m'aban- » donnez pas à ces ....., je vous soutiendrai. »

Deux jours après, au moment où M. de Villèle entrait dans le cabinet du roi, Louis XVIII lui dit : « Chateaubriand nous a trahis comme un ....., » je ne veux pas le voir ici après la messe; ré- » digez l'ordonnance de renvoi, et qu'on la lui re- » mette à temps, je ne veux pas le voir. » Toutes les observations restèrent inutiles, le roi tint à ce que l'ordonnance fût écrite sur son propre bureau et immédiatement expédiée. De là, le laconisme de l'ordonnance, comme on voit très-explicable, mais dont on se fit un grief. M. de Chateaubriand ne fut pas trouvé chez lui, et sa révocation ne put lui être remise qu'aux Tuileries, dans les appartements de Monsieur; cette circonstance fournit un nouveau texte aux récriminations de ses partisans.

Le soir même, son ami, M. Bertin de Vaux, principal propriétaire du *Journal des Débats*, vint déclarer à M. de Villèle que dès le lendemain il ferait la guerre au ministère, s'il n'obtenait pas l'ambassade de Rome pour M. de Chateaubriand. M. de Villèle ayant répondu qu'il ne se hasarderait pas à en faire la proposition au roi, « Souvenez- » vous, lui dit M. Bertin, que les *Débats* ont déjà » renversé les ministères Decazes et Richelieu,

» ils sauront bien également renverser le minis-
» tère Villèle. — Vous avez renversé les pre-
» miers, reprit M. de Villèle, en faisant du roya-
» lisme; pour renverser celui dont je fais partie,
» il vous faudra faire de la révolution. » La guerre faite par le *Journal des Débats* commença le lendemain.

Quelques symptômes de mésintelligence s'étaient manifestés dans le conseil des ministres à l'occasion de la loi de septennalité; M. de Chateaubriand, qui avait récemment publié une brochure sur les inconvénients des élections annuelles, n'en combattit pas moins le projet, lorsqu'il fut porté au conseil. Mis en demeure de se retirer ou d'y donner son approbation, il avait fini par prendre ce dernier parti. L'importance de cette loi, destinée à donner plus de stabilité aux institutions, avait fait juger nécessaire qu'elle réunît l'unanimité dans le conseil des ministres avant d'être portée aux chambres; elle fut d'abord présentée à la chambre des pairs, qui l'adopta.

Dans la discussion sur les crédits extraordinaires de la campagne d'Espagne, le général Foy fit une vive et juste critique des marchés Ouvrard; mais cherchant à se prévaloir des efforts tentés par le ministre des finances pour y mettre fin, et ayant comparé les dépenses de cette campagne à celles des guerres de la révolution et de l'Empire, il fournit à M. de Villèle d'excellents arguments pour le réfuter * (25).

Malgré les attaques passionnées des orateurs de la gauche et de la défection royaliste, les crédits furent votés par 234 voix contre 69. M. de Villèle crut néanmoins devoir demander au roi la création d'une commission spéciale, pour apprécier les causes de ces crédits supplémentaires et juger s'il y avait eu urgence. Cette commission, composée de M. le maréchal Macdonald et de MM. Daru, de Villemanzy, de Vaublanc, de La Bouillerie et du contre-amiral Halgan, présentait toutes les garanties désirables d'impartialité.

Ainsi le ministère non-seulement ne redoutait pas, mais il appelait l'investigation des hommes les plus indépendants.

La loi sur les communautés de femmes, dont le but était de régulariser l'existence des établissements déjà créés, défendue par M. de Villèle, fut repoussée à la chambre des pairs par 85 voix contre 83, c'est-à-dire par une majorité de 2 voix.

La plupart des lois soumises aux chambres, dans la session de 1824, furent présentées par le ministre des finances : on peut citer entre autres la loi sur la prolongation du monopole des tabacs, celle qui, réduisant divers droits d'enregistrement,

* Page 875 du *Moniteur*.

n'imposait plus qu'un droit fixe de cinq francs à l'échange des terres contiguës, afin de remédier au morcellement de la propriété territoriale; enfin la loi sur les boissons *.

Dans toutes les discussions qui eurent lieu sur ces différentes questions et sur le budget, M. de Villèle ne laissait jamais passer une attaque sans la repousser, une objection sans la réfuter, toujours prêt à monter à la tribune pour y prendre tour à tour la défense des contribuables ou celle du trésor. (Voir ses discours sur les progrès obtenus dans la comptabilité et sur les jugements de conformité de la cour des comptes, page 1017 et 1024 du *Moniteur*; sur l'enregistrement, page 1026, et sur les octrois, à l'occasion du prélèvement du dixième au profit de l'État. Dans cette discussion, M. de Villèle professa l'opinion, que rien n'est plus contraire à la justice, à la production et à la consommation que les droits d'octroi et surtout leur exagération ** (26).)

M. de Villèle avait fait instituer au commencement de 1824 un conseil supérieur du commerce et des colonies, qui se réunissait sous sa présidence; il était composé de MM. le duc de Lévis, de Vaublanc, le comte Mollien, le comte Chaptal, le baron Portal, Durand Fajon, Olivier. M. de

* Page 640 du *Moniteur*.

** Page 1037 du *Moniteur*.

Saint-Cricq était chargé de recueillir les faits et les renseignements, et de préparer les délibérations du conseil, dont M. de Fréville avait été nommé secrétaire.

On a vu les motifs pour lesquels MM. de Montmorency, de Bellune et de Chateaubriand sortirent successivement du ministère; ce furent de tristes nécessités qui affaiblirent le parti royaliste en le divisant.

M. le baron de Damas passa vers cette époque du ministère de la guerre à celui des affaires étrangères; M. le marquis de Clermont-Tonnerre, de la marine à la guerre; M. le comte de Chabrol, de l'enregistrement à la marine; M. de Martignac fut nommé directeur général de l'enregistrement; M. de Vaulchier, directeur général des postes; M. de Castelbajac, des douanes; M. de Bouthillier, des forêts; M. Cornet d'Incourt, des contributions directes : tous faisaient partie de la majorité qui soutenait le ministère. N'était-il pas inhérent aux conditions du gouvernement représentatif de s'entourer des membres les plus influents de la majorité ? Le ministère pouvait-il aller chercher ses appuis parmi les membres de l'opposition ?

M. le duc de Doudeauville remplaça comme ministre de la maison du roi M. le maréchal marquis de Lauriston, nommé grand veneur, et M. le vicomte Sosthènes de La Rochefoucauld fut spécialement chargé de la direction des beaux-arts, des spectacles et des manufactures royales.

A cette époque eut aussi lieu la création du ministère des affaires ecclésiastiques ; M. l'évêque d'Hermopolis, qui déjà s'était concilié les sympathies et la confiance de la jeunesse par ses conférences de Saint-Sulpice, fut choisi pour remplir ces fonctions.

La direction des affaires du culte protestant appartenait naturellement à M. Cuvier ; il y fut appelé.

La cour de cassation ayant confirmé l'arrêt de la cour royale qui reconnaissait au journal l'*Aristarque* le droit de paraître sans autorisation, le ministère profita de cette circonstance pour soumettre les journaux à la censure ; la cause réelle de cette mesure était l'état de santé du roi, qui faisait présager un prochain changement de règne.

Louis XVIII signa cette ordonnance sans faire aucune réflexion, mais il montra qu'il en avait bien compris le véritable motif, en chargeant M. de Villèle d'aller au sortir du conseil en donner connaissance à Monsieur, qui s'écria : « Oh ! Villèle, » quelle faute ! »

Cependant cette mesure n'était-elle pas commandée par une sage prévoyance, pour laisser s'accomplir sans trouble le premier changement de règne, et faire ressortir par là aux yeux de la nation tous les avantages de la monarchie héréditaire? On croyait trop généralement alors que le changement de règne serait le signal d'une révolution, pour qu'il ne fût pas du devoir des ministres de prendre certaines précautions.

Peu de jours avant la mort du roi, M. de Villèle reçut de lui la mission d'annoncer à M. le duc d'Orléans le refus d'accorder à M. le duc de Chartres le cordon bleu avant qu'il eût atteint l'âge de quinze ans; il cita à cette occasion tous les antécédents, avec une mémoire si fidèle et une si étonnante précision, que M. le duc d'Orléans lui-même fut obligé de reconnaître que sa demande ne pouvait être fondée.

La publication de bulletins officiels, constatant les progrès de la maladie du roi, amenèrent de la part de la population de Paris la manifestation des sentiments d'amour et de respect dont elle était animée pour sa personne.

Nul n'a contesté à Louis XVIII la supériorité d'esprit et l'étendue des connaissances; la fermeté de son caractère s'était manifestée dans toutes les circonstances où sa dignité pouvait être compromise; à Venise, à l'occasion du livre d'or; sur la proposition d'abdiquer que lui fit faire Bonaparte; puis à son entrée à Paris en refusant de changer de cocarde et de couleurs; lorsque Blücher voulut faire sauter le pont d'Iéna, et dans plusieurs autres occasions. Mais les erreurs de la politique de Louis XVIII, à différentes époques de sa vie, et sa faiblesse à l'égard de ceux à qui il avait accordé son affection, sont malheureusement trop connues.

Après avoir repoussé, pendant les premières années de la Restauration, les hommes les plus dévoués à la monarchie, à sa famille, à sa personne, il avait fini par accorder toute sa confiance à M. de Villèle, et l'on doit reconnaître que ce ministre la justifia, si l'on considère l'état de prospérité que présentait la France lors du changement de règne.

Charles X fut proclamé et reconnu sans le moindre obstacle. Les commencements de son règne témoignèrent de sa bonté et de son désir d'être populaire.

M. le Dauphin fut immédiatement appelé à siéger dans le conseil des ministres.

L'amnistie la plus étendue fut accordée. La peine des individus condamnés pour avoir porté les armes contre la France et des autres détenus politiques fut commuée.

Les princes de la famille d'Orléans furent accueillis avec un abandon bien différent de la froide réserve avec laquelle ils avaient toujours été traités par Louis XVIII.

Le maréchal Soult obtint la promesse d'être le premier pair de France nommé.

L'ordonnance de censure fut rapportée.

La multiplicité et la prolongation des conseils des ministres prouva la sollicitude du nouveau roi poür les intérêts de ses peuples.

Les journaux anglais eux-mêmes s'occupèrent à cette époque de la coalition des libéraux et des royalistes défectionnaires contre M. de Villèle. Ils faisaient cette réflexion : Que si le roi résistait aux flatteries qui lui étaient prodiguées et aux attaques contre son ministère, on pourrait ajouter l'éloge de sa fermeté à celui de toutes ses autres qualités.

MM. de Villèle et Corbière avaient résolu de se retirer du ministère à l'avénement du nouveau règne. Ce n'était pas qu'ils ne fussent pénétrés de reconnaissance pour toutes les bontés et la confiance dont Monsieur les avait honorés depuis leur entrée dans la carrière politique ; mais ils jugeaient l'un et l'autre qu'ils allaient rencontrer des obstacles et des inconvénients résultant du caractère du nouveau roi, que leur position et la marche des affaires deviendraient plus difficiles et tout autres qu'elles avaient été sous son prédécesseur ; cependant ils furent retenus par la crainte d'être accusés d'ingratitude et de n'être nullement compris du pays, où leur retraite non motivée eût donné lieu aux jugements les plus sévères et les plus compromettants pour la royauté elle-même ; ils se décidèrent donc à attendre pour se retirer la première introduction que l'on tenterait de faire de quelque courtisan ou conseiller intime. Ce motif de retraite ne leur fut point offert, Charles X ayant manifesté l'intention de conserver le ministère que lui avait légué son frère.

Malgré la simplicité des goûts et des habitudes de M. de Villèle, il fut en butte aux attaques les plus passionnées, à l'occasion de l'installation du ministère des finances dans l'hôtel de la rue de Rivoli. On l'attribuait à l'amour du luxe; on ignorait, ou l'on feignait d'ignorer que la réunion des diverses administrations financières dans un même local présentait de grands avantages pour l'expédition des affaires et une économie notable pour le trésor public; on oubliait aussi que les plans et devis avaient été arrêtés sous le ministère du baron Louis et que les crédits n'avaient point été dépassés. Mais les passions et les partis emploient toutes les armes.

M. de Villèle se livra à de nombreux travaux préparatoires pour déterminer les bases de la loi d'indemnité. Discutée dans le conseil des ministres et dans des réunions d'hommes spéciaux, elle fut communiquée aux membres les plus influents des deux chambres. Le roi, dans son discours d'ouverture de la session, annonça cette mesure en disant : « qu'il était déterminé à l'exécution des » sages desseins formés par son frère pour fermer » les dernières plaies de la révolution, sans aug-

» menter les impôts, sans nuire au crédit et aux
» services publics. »

Dès les premiers jours de janvier, M. de Villèle présenta à la chambre des députés deux projets de loi, l'un portant fixation de la liste civile du nouveau règne, l'autre régularisant la restitution faite, en 1814, à la branche d'Orléans, des biens provenant de son apanage *.

Six millions furent demandés aux chambres pour couvrir les dépenses extraordinaires des funérailles du feu roi et celles du sacre de Charles X.

Enfin, le projet de loi tendant à accorder une indemnité aux anciens propriétaires des biens fonds confisqués pendant la révolution et vendus au profit de l'État fut présenté à la chambre des députés par M. de Villèle, ainsi que le projet accordant la faculté à tous les porteurs de rentes 5 p. 0/0 de les convertir en 3 p. 0/0 jusqu'au 24 juin 1825; le projet déclarait acquis aux contribuables, dès le 1er janvier 1826, le produit de cette conversion.

Outre l'économie et le développement du crédit qui devait en résulter pour l'État, ce projet avait

* *Moniteur* de 1825, pages 54 et 58.

l'avantage de confondre avec une portion de la dette publique antérieure la rente 3 p. 0/0 qui allait être créée par la loi d'indemnité.

En même temps, un projet de loi relatif à la répression du sacrilége et des crimes et délits commis dans les édifices religieux était présenté à la chambre des pairs par le garde des sceaux.

(Voir, p. 159 du *Moniteur*, le discours de M. de Villèle dans la discussion de la loi sur les communautés religieuses, à l'occasion d'un amendement présenté par MM. Pasquier, Portalis et M. l'archevêque de Paris, que cette coalition fit adopter par la chambre des pairs.)

La discussion générale de la loi du sacrilége produisit un fâcheux effet sur le public et sur la chambre des pairs; le projet fut cependant adopté par 127 voix contre 97, mais fortement amendé, surtout par la réduction des peines, dont quelques-unes étaient en dehors des mœurs actuelles.

M. de Villèle fut obligé de monter plusieurs fois à la tribune pour réfuter MM. Casimir Périer, Foy et Benjamin Constant, qui voulaient faire renvoyer la discussion de la loi d'indemnité après le vote des lois de finances; ce qui eût été un ajournement indéfini.

Un député de la droite ayant, au début de la discussion générale, émis l'opinion que les acquéreurs des domaines nationaux, dont les propriétés allaient participer aux avantages de l'indemnité, devaient être appelés à supporter une partie des charges, M. de Villèle déclara : « que l'article 9 de la Charte s'opposant formellement à l'adoption de la proposition, il était obligé de faire connaître à la chambre que l'introduction dans la loi de dispositions qui seraient en opposition avec le pacte fondamental ne permettrait pas au gouvernement de porter plus loin le projet soumis à la délibération de la chambre des députés. »

MM. Foy, Casimir Périer et de La Bourdonnaye adressèrent alors de vives interpellations au président du conseil, prétendant qu'il venait de porter atteinte aux droits de la chambre. La déclaration de M. de Villèle et sa réponse aux interpellations sont à la page 232 du *Moniteur*.

Dans la discussion de la loi à la chambre des députés, un grand nombre d'amendements furent présentés et rejetés; celui sur le fonds commun, qui eut pour conséquence de réduire l'indemnité de 80 millions, fut adopté contre l'avis de M. de Villèle; son projet n'avait pu, il est vrai, résoudre toutes les difficultés que présentait la liquidation d'une indemnité opérée trente années après la spoliation, mais il était cependant le moyen le moins défectueux de mener à bonne fin une opération aussi difficile. La liquidation que l'on avait déclarée impossible, confiée à une commission de pairs et de députés, sous la direction de M. de Villèle, s'accomplit avec régularité, impartialité et promptitude.

Le sort de l'homme d'État est trop souvent de voir ses contemporains, tout en profitant du bien qu'il fait, ne lui en tenir aucun compte. Cette grande mesure de l'indemnité, qui certes, aux yeux de l'histoire, sera un titre de gloire pour M. de Villèle, fut pour lui une source de reproches injustes de la part de certains royalistes, qui ne voulaient pas reconnaître l'impossibilité de les dédommager de tout ce qu'ils avaient perdu, oubliaient que rien, avant le ministère de M. de Villèle, n'avait été fait pour les indemniser, et ne prévoyaient pas qu'après la révolution de 1830 on s'empresserait de leur enlever les 80 millions du fonds commun.

M. de Lamartine, dans son *Histoire de la Restauration,* s'exprime en ces termes sur cette mesure :

« La loi sur l'indemnité des émigrés était un acte » de trop haute politique pour être jugée de près » comme elle méritait d'être jugée à distance. Les » uns y voyaient une tentative de restaurer l'aris» tocratie en leur faveur; les autres, un outrage à » la révolution à leurs dépens. Il fallait du temps » et du sang-froid pour que tous y vissent ce que » les hommes d'État impartiaux y voient aujour» d'hui et y voyaient d'avance, une grande amnistie

» mutuelle de toutes les fortunes, une récrimina-» tion éternelle enlevée aux victimes, une inquié-» tude dangereuse calmée dans les acquéreurs des » dépouilles, une valeur immense de circulation » rendue aux propriétés avilies par une mauvaise » origine; enfin le plus grand acte politique, admi-» nistratif et financier de la Restauration, la pensée » de Louis XVIII, l'œuvre de Charles X, la gloire » de M. de Villèle. »

Voir, page 388 du *Moniteur*, le discours de M. de Villèle, en réponse à MM. Dudon et Casimir Périer, qui avaient réclamé la nomination d'une commission d'enquête sur l'emploi des fonds de l'amortissement, dont le ministre s'était, disaient-ils, servi pour produire une hausse fictive dans un but favorable au projet de loi d'indemnité et à la conversion des rentes.

Voir aussi, dans la discussion du projet de conversion des rentes, le discours de M. de Villèle (p. 407 et 408 du *Moniteur*), dans lequel il établit les motifs du projet de loi et les résultats avantageux qu'on devait en attendre dans l'intérêt des contribuables et de la prospérité générale de l'État.

M. le prince de Metternich, appelé à Paris par l'état de santé de la princesse qui succomba peu de temps après, eut plusieurs conférences avec M. de Villèle. A leur première entrevue il lui dit « que,

» n'ayant pas vu Paris depuis de longues années, » il y avait trouvé bien des changements; mais » que le plus grand qu'il eût remarqué, c'était » que M. Pozzo di Borgo ne fût plus qu'ambassa- » deur de Russie. » Ce compliment, plein de délicatesse, dénotait l'homme de cour, mais en même temps le ministre autrichien pour qui la puissance de la Russie était déjà un objet de jalousie.

Les différentes questions pendantes en Europe furent traitées dans ces conférences, et en particulier la question d'Espagne, dans laquelle l'Autriche et la Russie marchaient d'accord, mais en opposition avec les vues de la France, soutenant Ferdinand dans la voie de réaction et d'absolutisme qui perpétuait l'affaiblissement de l'Espagne et la nécessité de l'occupation d'une partie de ses provinces par les troupes françaises.

La chambre des députés adopta la loi de conversion des rentes après de longs et vifs débats.

La discussion du projet de loi sur les salines de l'Est fut prolongée outre mesure par l'accord des oppositions de l'extrême droite et de la gauche, et par le défaut d'entente et de décision de la part de la majorité.

Dans la discussion de la loi d'indemnité à la chambre des pairs, M. de Villèle réfuta avec une excessive modération, et en produisant à l'appui de ses assertions des preuves invincibles, tous les arguments produits contre le système de la loi par M. le comte Roy, auteur d'un amendement, dont le but évident était de préserver encore les rentes 5 p. 0/0 du remboursement. Cet amendement fut appuyé par M. le comte Mollien et par M. de Chateaubriand.

M. de Villèle repoussa avec la même force de logique et de vérité les attaques dirigées contre son administration, et en compara les actes avec ceux des administrations qui avaient précédé la sienne * (27). Il fut encore obligé de prendre la parole pour répondre à M. le baron Pasquier **. L'amendement fut en définitive repoussé.

Dans la discussion sur un amendement à la loi d'indemnité, proposé par M. de Kergorlay et soutenu par M. de Chateaubriand, M. de Villèle prononça en réponse deux discours qui sont au *Moniteur* *** (28).

Pendant que la chambre des pairs discutait le projet de loi de la conversion des rentes et de l'amortissement, celle des députés commençait l'examen du projet de loi concernant le règlement définitif des comptes de 1823.

M. de La Bourdonnaye dirigea à cette occasion une attaque des plus violentes contre M. de Villèle,

* *Moniteur* de 1825, page 575.

** Pages 589 et 590 du *Moniteur*.

*** Pages 596 et 597 du *Moniteur*.

en l'accusant d'avoir été l'auteur des marchés faits avec Ouvrard. Le ministre * (29) aurait pu confondre son adversaire, en produisant la copie de la lettre ci-jointe, qu'il avait écrite à ce sujet à M. le duc d'Angoulême, mais il crut devoir s'en abstenir. Toutefois il rendit compte au roi, devant le conseil auquel M. le Dauphin assistait, de la situation dans laquelle il s'était trouvé. M. le Dauphin lui dit aussitôt qu'il l'autorisait à faire usage de sa lettre; mais M. de Villèle lui répondit avec calme et fermeté : « Non, monseigneur, il en arri- » vera pour moi ce qui plaira à la Providence; » cela importe peu au pays; mais je croirais com- » mettre un crime envers la France si, pour me » disculper d'une accusation quelque grave qu'elle » puisse être, je compromettais le nom de monsei- » gneur. » M. le Dauphin insista; mais M. de Villèle termina cette lutte de générosité en lui disant : « Monseigneur, il était de mon devoir de » me justifier devant le roi, en invoquant le témoi- » gnage de Votre Altesse Royale; mais je me ren- » drais coupable envers le roi, comme envers la » France, si, hors de l'enceinte de ce cabinet, je » laissais échapper une seule parole qui pût di- » vulguer un tel secret. »

L'opposition n'ignorait pas les causes réelles des

* Pages 634 et 641 du *Moniteur*.

marchés Ouvrard; mais elle voulait désorganiser le ministère ou compromettre le nom de M. le duc d'Angoulême, à l'aide de la situation fausse dans laquelle l'ajournement du règlement des comptes aurait placé le gouvernement. M. de Villèle combattit cet ajournement, et allant au fond des questions soulevées par le général Foy, il réduisit à néant les allégations dirigées contre le ministère, mais voilées jusqu'alors, et que le discours du général avait mises au grand jour *.

Le roi ayant parlé à M. de Villèle de son intention de le créer duc et pair à l'occasion du sacre, il crut devoir lui répondre : Qu'il accepterait avec reconnaissance s'il pensait que cette dignité lui donnât plus de force pour le servir; mais qu'il croyait au contraire qu'elle lui en ôterait en excitant l'envie, et qu'il le priait en conséquence de ne pas réaliser sa bienveillante intention.

Trois titres de duc furent accordés et un certain nombre de personnes de la cour reçurent le cordon bleu; mais, à l'exemple de M. de Villèle, les membres du ministère n'acceptèrent aucune faveur pour eux ni pour leurs familles.

Les rentes 5 p. 0/0 converties volontairement en 3 p. 0/0 s'élevèrent au chiffre de 30,688,268 fr., malgré tous les moyens employés par l'oppo-

* Pages 669, 670 et 679 du *Moniteur*.

sition et la presse pour discréditer cette opération, et nonobstant le refus de M. de Villèle d'avoir pour certaines grandes maisons de banque la tolérance, à laquelle elles paraissaient attacher un grand prix, de les laisser convertir leurs rentes après le moment fixé pour la clôture.

La mesure dont il s'agit, quoique entravée, attaquée de toutes parts, produisit néanmoins 6 millions de dégrèvement annuel dans les charges du pays, sans compter les autres avantages dont le crédit et l'indemnité lui ont été redevables.

A la distance où l'on est aujourd'hui de cette mesure financière, il est impossible de se faire une idée exacte de la pression tentée sur M. de Villèle par les parties intéressées, et des attaques dirigées contre lui pour faire échouer toute combinaison pouvant amener la réduction de l'intérêt de la rente 5 p. 0/0.

Les fonds français, et surtout le 3 p. 0/0, éprouvèrent bientôt une dépréciation qui fit descendre celui-ci jusqu'à 60 francs.

Les folles entreprises d'emprunts et d'opérations commerciales, faites par l'Angleterre dans les colonies espagnoles insurgées, avaient amené chez nos voisins un état de gêne qui réagissait sur nos fonds, car ce n'était pas évidemment une opération aussi restreinte que la conversion facultative du

5 p. 0/0 français qui eût pu déterminer une crise pareille à celle qui éclata.

L'opposition chercha cependant à en faire peser la responsabilité sur le ministère, sans vouloir reconnaître que les intrigues et la cupidité qui avaient fait rejeter l'année précédente l'importante mesure de la conversion des rentes, non-seulement avaient été funestes aux pays et aux contribuables, en les privant d'une réduction de 40 millions dans leurs charges annuelles, mais avaient eu une action bien plus générale, en laissant les capitaux anglais se lancer en masse dans les emprunts et dans les spéculations si funestes de l'Amérique du Sud, au lieu de leur offrir un emploi dans l'opération de la réduction des intérêts de la dette française.

Les attaques des journaux libéraux, celles de la *Quotidienne*, des *Débats* et de l'*Aristarque*, les intrigues des courtisans et l'opposition des salons du faubourg Saint-Germain avaient fini par jeter la division parmi les soutiens naturels du pouvoir. L'acquittement du *Constitutionnel* et du *Courrier*, avec la simple recommandation d'être plus circonspects à l'avenir, fit voir que le gouvernement était également abandonné par la magistrature, qui ne répondit pas à la confiance que le gouvernement avait placée en elle. Elle accrut par ses décisions l'audace des ennemis du pouvoir.

A cette époque parut l'ordonnance d'émancipation d'Haïti, avec stipulation d'une indemnité en faveur des anciens colons ; cette solution était la seule alors possible d'un état de choses préjudiciable à nos intérêts commerciaux.

La crainte d'une entreprise de la France pour rétablir sa domination dans cette île obligeait le gouvernement de Saint-Domingue à maintenir des forces disproportionnées à ses ressources, paralysait sa culture et son commerce et pouvait un jour ou l'autre porter cette ancienne colonie française à invoquer la protection de l'Angleterre ou des États-Unis. La somme de 150 millions, stipulée comme indemnité en faveur des anciens colons, dépassait, l'événement l'a prouvé depuis, ce que Saint-Domingue pouvait réellement payer (30) *.

La mort inattendue de l'empereur Alexandre fournit à M. de Villèle une nouvelle occasion de montrer avec quel soin il évitait tout ce qui pouvait amener l'abus des dépêches télégraphiques ; celle qui annonçait la mort de ce prince était parvenue au président du conseil après l'heure où elle pouvait être utilement affichée à la Bourse, ainsi que cela s'était passé pendant toute la durée de la guerre d'Espagne. Non-seulement M. de Villèle garda à cet égard le secret le plus absolu, mais

* *Moniteur* de 1825, pages 1269 et 296.

il pria instamment le roi de vouloir bien agir de même. Grâce à ces précautions, il n'y eut aucun mouvement dans les cours du jour, et ce ne fut que le lendemain, après la publication de la nouvelle, que se manifesta une forte baisse aussi bien à la Bourse de Londres qu'à celle de Paris.

Le discours d'ouverture de la session de 1826 trahissait l'embarras de la situation du gouvernement en face d'une opinion égarée par les abus de la presse, de l'ébranlement du crédit public et de la gêne commerciale commune à toute l'Europe. Dans ces circonstances, l'annonce que l'accroissement des revenus publics allait permettre d'améliorer le sort des ministres de la religion parut à des esprits prévenus une concession aux exigences du clergé.

Le projet de loi sur les successions, qui avait pour but de protéger la fortune des familles contre le morcellement de la propriété, produisit un effet non moins fâcheux sur l'opinion, que les violentes discussions de la loi des rentes et de l'indemnité avaient prédisposée à supposer que le gouvernement sacrifiait les intérêts du pays aux prétentions de la noblesse.

L'opposition était entretenue dans ses espérances et encouragée dans ses efforts par la connaissance qu'elle avait de l'hostilité de la chambre des pairs et des intrigues ourdies par une partie de la cour, tendantes à déconsidérer le ministère dans l'esprit du roi et à le supplanter dans la direction des affaires publiques.

On pourrait être étonné que M. de Villèle, dont la perspicacité n'a jamais été mise en question, qui devait juger la position telle qu'elle était et ne pas ignorer les causes qui la compromettaient, n'y ait point porté remède; mais le caractère et les habitudes du roi ne pouvaient être changés, et il n'était pas non plus au pouvoir du ministre de refréner l'ambition des courtisans et de certains membres des chambres. D'un autre côté, M. de Villèle ne croyait pas que le devoir lui permît de reculer devant une situation difficile que lui imposaient la constante bonté avec laquelle le roi l'avait traité, et la confiance que ce prince avait placée en lui. Il fallait attendre que les événements justifiassent aux yeux de tous sa retraite.

Néanmoins de nouvelles tentatives ayant été faites pour obtenir la modification du cabinet par l'éloignement des ministres de la guerre et de la justice, et préparer l'introduction dans le ministère de MM. de Montmorency et de Polignac, M. de Villèle, consulté par le roi, ne lui dissimula pas que ce n'était pas en présence des chambres qu'un semblable changement ministériel pouvait avoir lieu au profit de l'autorité royale.

Tel était l'état des choses au commencement de la session de 1826.

L'adresse fut votée à la majorité de 261 voix contre 87. La présentation des lois de finances produisit une impression favorable sur le public. Mais le projet de loi concernant les successions n'obtint qu'une approbation restrictive, même des amis du ministère; ils voulaient bien maintenir la position de fortune des familles et préserver les propriétés du morcellement, mais ils n'avaient pas le courage de leur opinion vis-à-vis de leur propre famille; ils auraient voulu que la disposition en faveur des aînés fût imposée d'une manière absolue par la loi, au lieu d'être abandonnée à la volonté des parents, qui pouvaient l'annuler.

Ce projet produisit une fâcheuse impression sur les masses, bien que la loi ne dût être applicable qu'aux individus payant 300 francs d'impôt.

L'article 1er était ainsi conçu: « Dans toute succession déférée à la ligne descendante et payant 300 francs d'impôt foncier, si le défunt n'a pas disposé de la quotité disponible, cette quotité

» sera attribuée, à titre de préciput légal, au pre- » mier né des enfants mâles du propriétaire dé- » cédé. »

Dans la discussion sur l'indépendance de Saint-Domingue et sur la loi d'indemnité des colons, M. de Villèle répondit aux attaques violentes des membres de l'opposition royaliste en faisant ressortir que la prérogative royale, que l'on disait vouloir défendre contre les abus ministériels, ne pouvait être préservée que par le mode adopté d'une émancipation par ordonnance *.

A l'occasion des affaires de Grèce et d'une pétition sur la traite des noirs, le général Sébastiani s'était exprimé dans les termes suivants : « Je ne » m'attendais pas qu'au moment où chacun prend » à tâche de montrer son zèle pour la religion, dans » un moment où nos rues, nos églises sont remplies » de cérémonies pompeuses, on tînt une telle con- » duite à l'égard des Grecs; eh, messieurs, ne livrez » pas les chrétiens aux Turcs, et vous défendrez » mieux le christianisme que par toutes vos pro- » cessions, vos cérémonies, vos actes extérieurs qui » contrastent d'une manière bizarre avec l'abandon » des défenseurs de la croix. »

M. de Villèle répondit à cette attaque directe contre la conduite du roi, durant le jubilé, avec

* Pages 293, 294 et 296 du *Moniteur*.

assez de vivacité pour qu'une affaire d'honneur devînt imminente entre les deux orateurs, elle fut cependant évitée par l'intervention de leurs amis *.

La discussion générale de la loi sur les successions et les substitutions eut lieu à la chambre des pairs, sans passion, mais avec des opinions bien arrêtées pour et contre. Un amendement dont le but était de borner la principale disposition aux successions payant 1,000 francs d'impôt foncier fut repoussé par 106 voix contre 105, par une seule voix; cet amendement que le gouvernement avait adopté, eût fait passer la loi; son rejet entraîna celui du projet, sauf l'article relatif aux substitutions, qui fut adopté par 53 voix de majorité.

Cet échec eut des conséquences incalculables par le parti qu'on en tira contre le gouvernement; les masses, dans l'ignorance où elles étaient des dispositions réelles du projet de loi, restèrent persuadées qu'on avait voulu rétablir le droit d'aînesse tel qu'il existait avant la révolution de 89.

M. de Villèle prononça dans la discussion de ce projet de loi un discours qui mérite d'être lu, par les documents qu'il présente sur le morcellement toujours croissant des propriétés en France et sur

* Pages 386, 387 et 388 du *Moniteur* de 1826.

le peu de dispositions testamentaires dirigées vers leur conservation ; il est remarquable encore par l'étendue des vues d'intérêt public qu'il renferme *.

Les discours de M. de Villèle dans la discussion de la loi des douanes contiennent sur cette matière des doctrines et des renseignements bons à consulter ** (31). Dans sa réponse au général Sébastiani, qui avait fait la proposition de renoncer à nos colonies, comme n'étant qu'une charge onéreuse et compromettante pour la métropole, M. de Villèle fit ressortir tous les intérêts et toutes les considérations à opposer à une semblable proposition *** (32).

Le traité fait avec l'Angleterre sur les droits de navigation fournit à M. Casimir Périer un sujet d'attaque dans laquelle il fut soutenu par les deux oppositions. La réponse péremptoire de M. de Villèle est au *Moniteur*, p. 553 (33).

La loi des douanes, conçue dans le système de protection des produits et des intérêts nationaux, fut votée par 260 voix contre 21.

Les comptes de la guerre d'Espagne ne furent définitivement adoptés par la chambre des députés que dans cette session, la gauche ayant cherché à prolonger les débats pour flétrir l'honneur de cette

* *Moniteur* de 1826, pages 436 et 437.

** *Moniteur*, pages 466, 501 et 544.

*** *Moniteur*, page 529.

campagne, l'opposition de droite pour perdre M. de Villèle et rejeter tout sur sa prétendue opposition à entreprendre la guerre; la majorité s'étant efforcée de concilier les ménagements envers M. le duc d'Angoulême et son entourage avec ceux qu'elle voulait avoir pour l'opinion publique, en ne paraissant pas brusquer l'acceptation des comptes.

La chambre des pairs, constituée en cour de justice, rendit aussi dans cette session son arrêt concernant les marchés Ouvrard, dont elle s'occupait depuis si longtemps. Elle prononça l'acquittement des prévenus, MM. les généraux Guilleminot et Bordesoulle, par 130 voix contre 10 qui votèrent pour un supplément d'instruction. La cour déclara dans son arrêt qu'il ne ressortait pas de l'instruction que les marchés conclus à Bayonne, Vittoria et Madrid eussent été obtenus à l'aide de corruption, ou de tout autre moyen qualifié crime ou délit par la loi.

Diverses pétitions de porteurs de rentes 5 p. 0/0, dirigées contre l'application exclusive des fonds de l'amortissement au rachat des rentes 3 p. 0/0, donnèrent lieu à des discussions dans les deux chambres. M. de Villèle * dans cette circonstance signala un fait bien opposé à la prétendue augmentation de capital dont on avait effrayé l'opinion

* *Moniteur* de 1826, pages 645 et 718.

publique lors de la discussion de la loi des rentes. Les rentes rachetées l'avaient été au prix moyen de 67 fr. 44 c. *.

Sans que le ministère en eût été prévenu, une communication fut faite le 1er mai, aux deux chambres, par le grand maître des cérémonies, pour les engager à nommer une députation chargée d'assister à la procession du jubilé, au passage de cette procession sur la place Louis XV et à la pose de la première pierre du monument expiatoire qui devait y être élevé.

Dans la séance du 25 mai, M. l'évêque d'Hermopolis, ministre des affaires ecclésiastiques, prononça à la chambre des députés, sans en avoir donné connaissance à aucun de ses collègues, un discours justificatif, selon lui, des accusations dirigées contre l'intolérance et les prétentions du clergé; il parla des jésuites sans faire connaître qu'ils avaient été rappelés en France par Bonaparte, sous le nom de *Pères de la foi*, et y avaient fondé dès cette époque plusieurs établissements d'instruction publique; il parla aussi de la congrégation, sans dire dans quel but elle avait été organisée lors de la captivité du pape.

On peut juger de l'effet que ce discours était destiné à produire par l'extrait suivant de celui de

* Voir au *Moniteur*, les discours de M. de Villèle sur le budget de 1827.

M. Casimir Périer, qui remplaça M. l'évêque d'Hermopolis à la tribune :

« La voilà donc reconnue officiellement cette » congrégation mystérieuse, dont l'existence a été » si souvent, si formellement niée à cette tribune et » par les feuilles ministérielles; prenons acte, Mes» sieurs, de cette déclaration faite par l'autorité com» pétente; le fait matériel existe donc, ce n'est donc » point un fantôme qu'il soit impossible de saisir; » seulement on a oublié de vous dire son nom de fa» mille. Une preuve qu'elle est dangereuse, c'est que » M. l'évêque d'Hermopolis s'est empressé de re» fuser d'en faire partie; elle a pris naissance dans » des temps de trouble, elle est donc politique, si » elle s'empare du jeune clergé, si elle dirige des » missions; comment s'étonner des méfiances et des » craintes fondées de la population, s'il était vrai » que les membres, que les chefs de l'administra» tion fissent partie de la congrégation et par con» séquent fussent dans cette dépendance à laquelle » M. l'évêque d'Hermopolis nous a dit avoir jugé » convenable de se soustraire, etc., etc. »

M. Casimir Périer prit encore la parole le lendemain pour tirer parti de l'aveu de M. le ministre des affaires ecclésiastiques relativement aux jésuites.

Ces questions furent exploitées par la presse avec une fatale persévérance.

Les missions qui eurent lieu à cette époque à Rouen, d'après les ordres de M. le grand aumônier, archevêque de cette ville, et à Lyon, donnèrent lieu à des troubles assez graves.

Et comme si ces différents faits n'eussent pas suffi pour impressionner l'opinion publique d'une manière fâcheuse, la cour royale de Paris, qui faisait défaut en toute occasion au gouvernement et à la répression des abus de la presse, rendit, sur la dénonciation de M. de Montlosier, un arrêt contre les jésuites dans lequel elle rapporta tous les arrêts des parlements, édits de nos rois, lois de 1792 et décrets de l'an XII, qui s'opposaient formellement au rétablissement de la compagnie de Jésus en France; mais, considérant qu'il n'appartenait qu'à la haute police du royaume de supprimer les congrégations et associations, la cour se déclara incompétente.

Cet arrêt fut suivi de la convocation de toutes les chambres de la cour royale pour en délibérer : leur avis fut le même.

Tout cela n'était point de nature à calmer les esprits.

La majorité de la chambre des députés paraissait convaincue que le désordre des esprits et l'égarement de l'opinion publique venaient surtout des abus de la presse, et reprochait au ministère de ne pas attaquer le mal dans sa source.

M. de Villèle ayant répondu à une interpellation de M. Casimir Périer sur la censure facultative : « que le gouvernement n'userait pas, dans l'inter» valle de la session, du droit de l'appliquer si » l'intérêt public ne le commandait point, mais qu'il » ne balancerait point à y recourir si cet intérêt » l'exigeait, » les deux tiers des députés se levèrent de leurs siéges en donnant de nombreux signes d'approbation.

(Voir, pages 923, 926, 927 et 950 du *Moniteur,* les divers discours de M. de Villèle dans la discussion du budget et pour la défense du dégrèvement qu'il avait proposé (34).)

Deux ordonnances du roi furent rendues pour mettre les conseils généraux de département et d'arrondissement en mesure de profiter de ce dégrèvement et pour faire arriver intacts jusqu'aux contribuables les soulagements et les réductions que les circonstances permettaient d'apporter au poids des charges publiques.

La session de 1826 était à peine close que le ministère s'occupa de la préparation des lois pour celle de 1827.

Les chambres furent convoquées pour le 12 décembre. Le roi, dans son discours d'ouverture, annonça la présentation de lois sur la répression de la traite des noirs, sur les codes militaire et forestier, sur le jury, enfin sur la presse, en exprimant le regret d'être obligé de proposer contre les abus de la liberté de la presse de nouvelles mesures répressives rendues nécessaires par le scandaleux accroissement de ces abus.

Le discours faisait aussi mention de l'augmentation des produits des taxes indirectes qui permettrait de porter à un taux suffisant la dotation des services publics et d'appliquer à des dégrèvements, dans les budgets suivants, cet accroissement du produit des taxes, résultat du développement de la prospérité publique.

Le conseil d'État rejeta le pourvoi du ministre des finances contre sept décisions de la commission d'indemnité en faveur de M. le duc d'Orléans, manifestant ainsi son indépendance à l'égard du ministre, de même que celui-ci avait prouvé la sienne vis-à-vis du prince, en faisant imputer à M. le duc d'Orléans les dettes payées à la décharge de son père, attendu qu'en 1814 il avait fait acte d'héritier ; par suite, il n'avait obtenu du ministère des finances qu'une liquidation négative, l'actif de la succession montant à 10 millions et le passif à 15. Mais le conseil d'État alloua au duc d'Orléans 10 millions d'actif sans passif, reconnaissant comme valable une renonciation faite antérieurement par lui.

Malgré l'opposition de MM. de Fitz-James, de Bonald, Dambray et de M. l'évêque d'Hermopolis, la chambre des pairs renvoya au président du conseil la pétition de M. de Montlosier contre les jésuites.

La loi du jury fut adoptée, à la chambre des pairs, par 155 voix contre 18, et, à la chambre des députés, par 229 voix contre 58 *.

Si l'on cherche à bien juger de la situation financière du pays à cette époque, il faut lire les exposés des motifs de plusieurs lois de finances présentées par M. de Villèle **.

Les amis mêmes du ministère se montrèrent peu favorables au projet de loi sur la presse; ils auraient préféré, comme beaucoup plus efficace, la censure à une loi de répression; ses ennemis y virent une occasion de le renverser et renouvelèrent dans ce but les manœuvres et les intrigues qui leur avaient si bien réussi pour la loi des rentes.

M. de Villèle prononça dans la discussion de la loi de la presse à la chambre des députés un premier discours plein de force et de conviction, suivi d'un autre *** où il traitait à fond, et sans en dissimuler les inconvénients, la question du timbre

* *Moniteur* de 1827, page 139.

** *Moniteur* de 1827, pages 201, 202, 203 et 204.

*** *Moniteur* de 1827, pages 238 et 303.

des petits écrits à bon marché, dont les dangers ne pouvaient être évités que par le moyen que proposait le ministère, moyen déjà employé avec succès en Angleterre. L'article fut néanmoins repoussé ; le projet amendé, ou plutôt dénaturé, fut adopté par 233 voix contre 134.

La discussion prolongée de cette loi, dont l'efficacité était très-douteuse, eut l'inconvénient de fatiguer et d'user sans utilité le ministère et la chambre. Le gouvernement, armé comme il l'était de la censure facultative, n'aurait pas dû présenter de nouvelles mesures répressives. Ce fut une concession aux plaintes et aux exigences des royalistes les plus dévoués et les plus ardents.

Portée à la chambre des pairs, la loi de la presse fut retirée bientôt après par une ordonnance royale, le ministère ne pouvant plus se faire d'illusion sur le sort qu'elle y rencontrerait.

A la suite de ce retrait, il y eut des rassemblements nombreux sur quelques points de la capitale, et notamment dans la rue Saint-Denis. Les vitres des maisons y furent brisées, et il fallut employer la force pour dissiper les attroupements. Diverses arrestations eurent lieu, et la justice dut informer contre les perturbateurs.

M. de Villèle avait concouru à la rédaction du Code forestier, il est facile d'apprécier la part qu'il prit à la discussion par le nombre de fois qu'il monta à la tribune. Ses discours, au nombre de dix-huit, se trouvent au *Moniteur* *.

M. le duc de Reggio ayant, à la tête d'un certain nombre d'officiers de la garde nationale de Paris, dont il était le commandant, demandé au roi de vouloir bien en passer la revue, ce qu'il n'avait pas fait depuis longtemps; le prince, sans arrêter sa pensée sur les conséquences qui pouvaient en résulter, décida que la revue aurait lieu le 29 avril.

M. de Villèle, en ayant été informé, fit observer au roi tous les inconvénients que pouvait avoir cette revue dans un moment où l'opinion publique était si mal disposée.

Charles X en convint et se montra, mais trop tard, disposé à l'ajourner ou même à y renoncer. M. de Villèle, persuadé que l'une ou l'autre de ces mesures produirait le plus mauvais effet, et qu'il valait mieux affronter les conséquences de cette réunion intempestive, engagea le roi à ne montrer ni regret ni méfiance et à passer la revue, comme de coutume, au champ de Mars.

Le 30 avril, lendemain de la revue, parut une ordonnance du roi portant que la garde nationale était licenciée. Voici ce qui avait motivé la mesure.

Le roi, en passant devant les légions de la garde

* Page 445 jusqu'à la page 550.

nationale, avait été accueilli par les cris de : « A bas les ministres ! » Plusieurs légions en défilant devant lui avaient proféré avec emportement les mêmes cris; des injures personnelles avaient même été adressées aux princesses. La troisième légion, revenant de la revue et passant rue de Rivoli, devant le ministère des finances, avait poussé des cris forcenés en brandissant ses armes.

Néanmoins Charles X, à son retour aux Tuileries, ayant mis pied à terre, entouré de tout l'état-major qui l'avait escorté, avait consenti, à la demande faite par M. le duc de Reggio, de témoigner sa satisfaction à la garde nationale par un ordre du jour; et avait dit : « Que la revue ne s'était pas mal passée. » Ce qui porta le maréchal Soult, qui avait accompagné le roi, à faire assez haut la réflexion que Sa Majesté n'était pas difficile.

M. de Villèle fut mandé le soir aux Tuileries par le roi, qui, ayant appris ce qui s'était passé rue de Rivoli, voulait prévenir de sa part une résolution contraire au désir que le prince avait de le garder à la tête du ministère.

Après avoir traité cet incident avec le peu d'importance qu'il avait à ses yeux, M. de Villèle crut devoir appeler toute l'attention du roi sur la gravité des faits qui s'étaient passés à la revue.

Le roi ayant demandé à M. de Villèle quel parti il y avait à prendre : « Dissoudre le soir même la garde nationale et la faire relever dès quatre heures du matin par la troupe de ligne, » fut la réponse. Le renouvellement de la garnison de Paris, qui devait avoir lieu le lendemain, 1er mai, mettant à la disposition du gouvernement une force de trente mille hommes, bien suffisante pour réprimer et même pour prévenir toute tentative de désordre : l'avis de M. de Villèle fut adopté par le roi, et le conseil des ministres y ayant également adhéré dans la soirée, l'ordonnance de dissolution de la garde nationale fut insérée le lendemain dans le *Moniteur*. Les journaux de l'opposition se chargèrent eux-mêmes de justifier la dissolution, en publiant les détails circonstanciés de ce qui s'était passé à la revue.

Il est à remarquer que Paris ne fut jamais plus tranquille qu'après cette mesure de vigueur : les amis du gouvernement y virent un gage de sécurité, ses ennemis en furent consternés.

On pourrait peut-être regretter la dissolution de la garde nationale et son absence dans les journées de juillet 1830, si les événements de février 1848 n'étaient venus démontrer le peu de garanties et de ressources que présente une milice citoyenne pour maintenir ou rétablir l'ordre dans les crises politiques.

M. de Villèle répondit avec calme et fermeté à un discours de M. Laffitte, qui menaçait les ministres de demander leur mise en accusation pour avoir conseillé au roi la dissolution de la garde nationale *. M. de Villèle déclara : « Que le ministre » menacé d'accusation se présentait pour revendiquer la responsabilité d'une mesure aussi indispensable que celle de la dissolution d'un corps » armé qui s'était laissé entraîner à une pareille » manifestation. »

Quelques membres de la droite s'étant récriés que l'honneur de la mesure appartenait au roi, M. de Villèle répondit : « Oui sans doute, mais la » responsabilité pèse en entier sur le ministre qui » l'a conseillée. »

A la page 156 du *Moniteur* se trouve une réponse péremptoire faite par le ministre à M. Gautier, député de Bordeaux, protestant, qui avait représenté le ministère comme dominé par le *parti prêtre ;* ce discours mérite d'être lu.

Les chambres furent closes le 22 juin. Le surlendemain parut l'ordonnance royale qui rétablissait la censure des journaux et écrits périodiques. Depuis quelques jours le roi en avait fait confidence à M. le duc d'Orléans. Dans d'autres circonstances, il fit encore part à ce prince des embarras et des inquiétudes que lui causait la tournure des affaires. De pareilles confidences entravaient la marche de son gouvernement, et tendaient à le rendre tôt ou tard impossible.

* Pages 135 et 156 du *Moniteur*.

Jamais le pays n'avait en réalité joui de plus de liberté et de prospérité; mais les esprits étaient malades de tous les maux imaginaires inventés par les écrivains, les ambitieux et les intrigants.

La marche économique et modérée du gouvernement, basée sur la justice et les intérêts généraux du pays, ne pouvait donner satisfaction aux turbulents, aux ambitieux, aux gens cupides, dont le mécontentement n'était point assez contre-balancé par l'assentiment des gens de bien.

L'opinion publique était égarée, même par des personnes comblées des bienfaits du roi; on lui prêtait l'intention de renverser la Charte, de gouverner par le clergé et de faire de longues listes de proscription, tandis que Charles X n'était réellement préoccupé que des mesures légales qui lui étaient conseillées par M. de Villèle pour améliorer la situation; le ministre avait encore toute sa confiance malgré les intrigues qui avaient pour but de la lui faire perdre.

La nécessité de modifier la chambre des pairs était incontestable; mais comme il était impossible de créer des pairs sans comprendre dans la promotion un certain nombre de députés, cette nécessité entraînait forcément la dissolution de la chambre des députés, mesure dont on ne pouvait se dissimuler le danger dans l'état des esprits.

Mais il y a des positions où les difficultés sont telles qu'on n'a que le choix des fautes.

M. de Villèle écrivait le 25 août à son fils :

« Je suis obsédé de propositions de la part de nos » ennemis de la droite; ils veulent vendre au roi » leur rentrée dans le devoir au prix du ministère » des affaires étrangères pour le prince de Polignac, » et de celui de la justice pour M. Portalis; à ce » prix et quelques pots-de-vin en argent pour les » instruments et les mangeurs du parti, on nous » offre une bonne loi de répression de la presse, » appui dans la chambre des pairs, retour de la » cour royale et revirade de la *Quotidienne* et des » *Débats*. Que tout cela fait honte et pitié, etc. »

M. de Villèle rendit compte au roi des propositions qui lui étaient faites de divers côtés; mais il eut soin d'exposer au prince que dans sa conviction les marchés de cette nature ruinaient toutes les parties contractantes, et qu'il ne convenait jamais à un gouvernement d'en consentir de semblables.

M. de Villèle écrivait encore, le 27 août :

« Au reste, il faut prendre patience, car nos » ennemis prétendent que nous serons bientôt dé» barrassés de ces soins. Je l'espérerais et le récla» merais plus fort qu'eux, si je croyais que le roi » et le pays y trouvassent leur compte.

» Jules de Polignac leur sert maintenant beau-

» coup pour accréditer la croyance au changement » de ministère; il a demandé au roi à l'accompagner » dans son voyage en qualité de son aide de camp, » et le roi a eu la bonté d'y consentir; de là à pa- » raître le ministre de cœur de Sa Majesté, ces » messieurs ont pensé qu'il n'y avait qu'un pas. » M. de Chabrol serait dans le ministère actuel le » point de suture du présent au futur, et M. Por- » talis le ministre de la justice. Voilà ce qui se » dit; ce qu'il y a de vrai dans tout cela, c'est que » les personnes dont il s'agit de part et d'autre le » voudraient bien, c'est-à-dire que ceux dont on » parle pour le futur ministère seraient ravis d'y » arriver, et ceux qu'on renvoie charmés d'être » débarrassés d'un tel fardeau; mais je doute que » celui dont cela dépend soit dans les dispositions » qu'on lui suppose, etc. »

M. de Villèle fut chargé de l'intérim du ministère de l'intérieur pendant le voyage du roi dans le Nord, où M. Corbière l'avait accompagné; la mort du fils de M. Corbière et l'état de la santé de ce ministre prolongèrent cet intérim et imposèrent à M. de Villèle la tâche de préparer les élections.

En songeant au travail immense auquel M. de Villèle était astreint, par sa position de ministre des finances et de président du conseil, par l'absence de M. Corbière, qui lui laissait la charge et la responsabilité du ministère de l'intérieur; en tenant compte de toutes les sollicitations auxquelles il fut en butte quand on put deviner dans le public qu'il était question d'une nomination de pairs et d'élections générales, on aura peine à comprendre comment M. de Villèle put suffire à ces occupations si multipliées; sa santé, il est vrai, s'en ressentit, mais son activité fit face à tout.

Une ordonnance en date du 5 novembre prononça la dissolution de la chambre des députés, convoquant les colléges électoraux pour le 17 et le 24 novembre, et les chambres pour le 5 février. Une seconde ordonnance abrogea la censure des journaux. Enfin, une troisième portait nomination de soixante-seize pairs, parmi lesquels se trouvaient cinq archevêques, quarante membres de la chambre des députés, un maréchal; les autres pairs avaient été choisis dans les conseils généraux et parmi les notabilités départementales.

Il n'est que trop vrai que cette promotion ajouta encore à l'hostilité des anciens membres de la chambre des pairs, et que les nombreux prétendants à la pairie, dont l'espoir avait été déçu trouvèrent dans les élections une occasion de se venger de leur désappointement, en prêtant leur appui aux candidats de l'opposition.

C'était la conséquence forcée d'une nomination de pairs précédant les élections, mais pouvait-on agir autrement, sans tomber dans l'inconvénient de réélections nombreuses?

Les candidats de l'opposition de gauche ayant été élus à Paris, ce fut un sujet de manifestations hostiles au pouvoir.

Des attaques contre les maisons non illuminées eurent lieu dans la nuit du 19 novembre dans les rues Saint-Denis et Saint-Martin, des barricades y furent élevées par trois ou quatre mille individus. La troupe, dirigée immédiatement sur ces barricades, les détruisit, mais non sans que plusieurs militaires et un certain nombre de séditieux fussent blessés.

Une nouvelle tentative de désordre eut lieu le lendemain; des barricades avaient été élevées dans la nuit, elles furent successivement enlevées et un grand nombre d'insurgés y furent arrêtés. La cour royale évoqua la poursuite. On sait ce qui en est advenu.

Les élus des colléges d'arrondissement de la capitale s'étant présentés chez M. de Villèle, en se qualifiant de députés de Paris, il leur fit répondre que la chambre étant dissoute, il n'y aurait de députés de Paris qu'après la réunion de la nouvelle chambre; ce qui les obligea à se faire annoncer par leurs noms.

M. Benjamin Constant prit le premier la parole, en disant qu'ils étaient envoyés par les habitants des quartiers que les perturbateurs avaient troublés les nuits précédentes; il chercha à établir qu'étant sortis triomphants des dernières luttes électorales, ils avaient intérêt au maintien de l'ordre légal; que leurs partisans vainqueurs ne pouvaient être soupçonnés de ces désordres, qui devaient être attribués aux vaincus, au *parti prêtre*, ajoutant que lui et ses amis venaient réclamer du ministre la protection de la force publique.

M. Laffitte, prenant la parole après M. Benjamin Constant, prétendit que si la garde nationale n'avait pas été dissoute, elle aurait protégé les citoyens paisibles; il en demanda la réorganisation, et termina en disant que celui qui profite d'un fait doit en être présumé l'auteur.

M. de Schonen parla dans le même sens, et finit par cette menace : « Au reste, j'ai dit à tous les » membres de cette milice que j'ai vus : Si les trou- » bles continuent, prenez votre uniforme et votre » fusil et faites feu sur le premier perturbateur qui » se présentera. »

M. de Villèle, s'adressant à M. Benjamin Constant, lui demanda si, avec le talent dont il était doué, il ne trouverait pas plus facile d'appliquer l'adage rappelé par M. Laffitte à ceux qui réclamaient le rétablissement de la garde nationale, qu'à un parti qualifié par lui de vaincu. Le ministre ajouta que, ne voulant pas se livrer à d'inutiles discussions, il aimait mieux s'en rapporter au jugement des tribunaux auxquels étaient déjà déférés les prisonniers faits les nuits précédentes ; il termina en disant qu'il était heureux de pouvoir annoncer aux envoyés des habitants des rues Saint-Denis et Saint-Martin qu'à l'instant où il leur parlait, quinze mille hommes de troupes occupaient les positions convenables pour garantir de tout désordre le quartier dont il s'agissait. M. Benjamin Constant ayant prétendu que l'autorité aurait dû prendre plus tôt cette mesure : « Non, monsieur, répliqua M. de Villèle, nous ne pouvions l'adopter qu'après qu'il a été démontré que la rébellion n'avait pas cédé aux sommations ; si nous avions agi autrement, vous n'eussiez pas manqué de dire que c'était la présence des troupes qui avait amené l'attroupement, exaspéré les citoyens et provoqué les désordres ; votre mission nous place aujourd'hui à l'abri d'une imputation de ce genre, quoique les barricades dussent suffire pour justifier les dispositions que je viens de vous annoncer, et qui sont de nature à vous faire participer à une sécurité dont jouissent déjà ceux au nom desquels vous êtes venus les réclamer. »

En se retirant, M. Benjamin Constant dit à ses collègues : « Il a de l'esprit comme un diable, ce » ministre. » Un autre ajouta : « Certes, celui-là n'a » pas peur. »

Les élections obtenues à l'aide de la coalition des

libéraux et des royalistes défectionnaires s'élevèrent à 90, dont 24 seulement au profit de ces derniers.

La nouvelle chambre se trouva composée de 286 royalistes de diverses nuances et de 144 libéraux.

M. de Villèle avait été réélu à Villefranche à une grande majorité, mais M. de Peyronnet avait échoué dans les deux colléges où il avait été porté.

Le roi ayant demandé à son ministère si, après avoir pesé le résultat des élections et calculé la combinaison probable des votes, il pensait pouvoir réunir la majorité dans la nouvelle chambre, il lui fut répondu qu'on ne pouvait empêcher la chambre de faire à l'ouverture de la session la demande du renvoi des ministres, mais que l'on pouvait espérer la majorité pour tout le reste, si la demande de renvoi du ministère était convenablement et péremptoirement refusée, et qu'il ne fût présenté que des lois d'intérêt général conformes à l'esprit et aux dispositions indiquées par la majorité des élections.

Après cette explication, M. de Villèle déclara au roi que tous ses collègues et lui s'étaient accordés pour exposer à Sa Majesté que, frappés des difficultés de la situation, ils avaient résolu de mettre leurs portefeuilles immédiatement à sa disposition, si le roi croyait que leur retraite pût être utile à son service; mais qu'ils n'offraient leur démission que dans cette seule hypothèse, prêts qu'ils étaient à soutenir contre la chambre une lutte dont ils ne redoutaient pas les conséquences, si le roi jugeait ce second parti plus utile à ses intérêts et à ceux du pays.

Le roi répondit qu'il y penserait. Ayant l'habitude de causer à cœur ouvert avec son président du conseil, il le retint après le départ des autres ministres, et sachant combien peu M. de Villèle tenait à rester au pouvoir, il lui parla des diverses combinaisons ministérielles que l'on s'efforçait de tous côtés de faire prévaloir. M. de Villèle lui rendit compte de tout ce que lui-même avait appris à cet égard, et finit par appeler toute son attention sur l'importance qu'il y avait pour le roi, en particulier, et pour son gouvernement qu'il fallait craindre d'affaiblir, à faire cesser promptement l'incertitude du public et à rassurer l'opinion, soit par la formation d'un nouveau ministère, soit par la consolidation de celui qui existait. Il exprima le vœu que le roi voulût bien faire connaître ses intentions à cet égard dans le conseil du lendemain.

La séance se passa sans qu'il en fût question; après le conseil, le roi dit à M. de Villèle qu'il était déterminé à remplacer son ministère, mais qu'il désirait que cela ne fût pas connu avant qu'il eût fait de nouveaux choix; il voulut le consulter sur les diverses combinaisons ministérielles, au sujet desquelles il paraissait fort irrésolu; mais M. de Villèle pria le roi de lui épargner toute confidence et de ne pas le consulter sur la formation du ministère, ne voulant prendre en rien la responsabilité de l'avenir. Cependant M. de Villèle ne put refuser au roi d'écrire à M. le marquis de Talaru pour l'inviter à se rendre à Paris, et de se charger de le prévenir, à son arrivée, de l'intention du roi de lui confier la formation du ministère, dont il lui destinait la présidence.

M. de Talaru s'étant rendu à cette invitation et ayant appris de M. de Villèle ce dont il s'agissait, s'écria : « Le roi vous lâche et il voudrait que je » prisse votre place! Je ne serai pas si fou, je n'en » ferai rien. »

M. de Villèle instruisit le roi du refus de M. de Talaru, mais sans lui en rapporter les motifs. Mandé aux Tuileries, M. de Talaru exposa au roi les raisons pour lesquelles il croyait ne pouvoir accepter la mission qui lui était offerte.

Le roi, vivement impressionné par le langage de M. de Talaru, confia à M. de Villèle que madame la Dauphine avait été jusqu'à lui dire : « En abandonnant M. de Villèle, vous descendez la pre- » mière marche de votre trône. »

La partie saine du public, appréhendant quelque mesure violente dont personne ne pouvait calculer les suites, considérait la retraite de M. de Villèle comme un événement malheureux. Le roi ne resta pas étranger à cette impression, et il lui annonça qu'il désirait ne plus tenter qu'un changement partiel, en donnant M. de Chabrol pour successeur à M. de Corbière, qui, par la douleur que lui causait la mort de son fils et par l'état de sa santé, ne pouvait plus supporter le fardeau des affaires.

En même temps, M. de Martignac ou M. Portalis aurait remplacé M. de Peyronnet, à qui ses divers échecs électoraux ne permettaient plus de conserver sa position ministérielle.

M. de Villèle fit observer au roi que la force morale du ministère avait été atteinte par la connaissance que le public avait déjà eue, plus ou moins complétement, de sa précédente décision relative à un changement total de cabinet; qu'il était personnellement convaincu que M. le Dauphin n'était pas étranger à cette décision, et que dès lors la création d'un nouveau ministère était indispensable. D'ailleurs, ajouta-t-il, quels que soient les reproches que leurs ennemis peuvent faire à MM. de Corbière et de Peyronnet, ils seraient faiblement remplacés par ceux auxquels le roi avait pensé : le premier, sous le rapport de la sûreté de principes et de caractère, du savoir et de la confiance qu'il inspirait aux royalistes, et le second sous le rapport de la fermeté et du courage.

M. de Villèle dit en terminant que, bien qu'il

fût disposé à faire au roi tous les sacrifices, il ne pouvait consentir à compromettre son honneur en livrant la royauté et le pays aux suites inévitables d'une tentative faite si tardivement, sans chance de succès, telle enfin que lui paraissait la combinaison dont le roi venait de l'entretenir.

M. de Villèle écrivait le 14 décembre à son fils :

« Je n'ai rien de nouveau à t'apprendre sur » notre situation, il n'y a rien de décidé ; en » attendant, les accessoires se déblayent ; la santé » de Corbière ne se rétablissant pas, il a le projet » de partir très-prochainement pour Rennes, il est » évident que sa santé ne lui permettrait ni de con- » server son ministère, ni de venir aux chambres » en février ; de son côté le garde des sceaux n'ayant » pas été réélu, ne peut rester ministre et n'attend » pour se retirer que le moment où on aura pu se » concerter pour nous remplacer ; ainsi voilà le roi » contraint dans tous les cas de pourvoir les minis- » tères de l'intérieur et de la justice ; il serait bien » difficile de ne pas comprendre dans ce mouve- » ment le ministre de la guerre ; celui des affaires » ecclésiastiques va être fort gêné par ses discours » précédents devant une chambre aussi anti-jésuite ; » le bon baron de Damas pourra aussi difficilement » rester aux affaires étrangères dans un moment » comme celui-ci ; M. de Chabrol est plus avec les » ministres que nous avons remplacés qu'avec nous.

» Tu peux tirer de ce tableau fidèle de la situa-
» tion du ministère actuel l'impossibilité de prolon-
» ger son existence. Elle serait déjà terminée si on
» eût pu former une combinaison tolérable pour le
» remplacer; on y travaille sans avoir pu faire en-
» core un pas dans cette voie difficile : ne t'étonne
» donc pas de tant d'indécision.

» Mon honneur et mon devoir m'interdisent d'a-
» bandonner le roi et me prescrivent de l'aider à
» sortir de l'embarras presque inextricable où il
» se trouve, soit en restant pour combattre l'en-
» nemi, si ce sacrifice lui était indispensable,
» quelque pénible qu'il me fût, soit en facilitant
» en tout ce qui dépend de moi les arrangements
» nécessaires pour notre remplacement, si c'est,
» comme tout me porte à l'espérer, le parti qu'il
» finira par adopter.

» Cependant les choses sont bien différentes de
» ce que tu te figures; chaque jour des propositions
» me sont faites de la part des deux sections de la
» coalition, qui m'offrent leur alliance et la majo-
» rité, à la condition de partager avec quelques-uns
» des leurs les postes ministériels; le public est
» dupé par les journaux de la manière la plus hon-
» teuse pour lui, toutes ces intrigues me font pitié.
» Le lendemain du jour où je ne serai plus ministre,
» tout le monde viendra me complimenter, car ce
» n'est pas à M. de Villèle qu'on en veut, c'est à

» l'autorité ; c'est ce que le roi et madame la Dauphine » surtout sentent à merveille, et ce qui retarde la » décision après laquelle nous soupirons. Ne te tour- » mente donc pas pour nous, crois qu'on commence » à sentir qu'il est plus facile de nous attaquer que » de nous remplacer, et que nous serions trop » heureux d'être débarrassés du fardeau qu'on » nous envie.

» L'affaire d'Orient tire à sa fin, celle du Portu- » gal est arrangée, celle d'Espagne terminée, le tout » selon le plus grand intérêt du pays. La France » est plus prospère qu'elle ne l'a jamais été. On » peut quitter sans regrets, et surtout sans re- » mords ni crainte, une administration sous la- » quelle ont été amenés de tels résultats. »

Cependant l'opposition était loin de se calmer. Son irritation contre M. de Villèle était même accrue par la supposition, fort gratuite, qu'il était auprès du roi un obstacle aux efforts dont le but était le renversement du cabinet et le partage des dépouilles ministérielles. Elle se trompait, l'obstacle était dans l'incertitude du roi. Les instances de M. de Villèle obtinrent enfin de Charles X que le changement de ministère aurait lieu le 3 janvier.

M. de Chabrol fut chargé de présenter une nouvelle combinaison ministérielle; mais ce ne fut pas sans laisser éclater les plus vifs regrets que le roi adopta ce parti définitif. Il ne dissimula pas que c'était

M. le Dauphin qui avait émis l'opinion que la conservation de M. de Villèle au ministère n'était plus possible.

La nomination de MM. de Corbière et de Peyronnet comme pairs de France fut décidée au conseil tenu aux Tuileries le 3 janvier. Charles X eut beaucoup de peine à obtenir le consentement de M. de Villèle à quitter la chambre des députés, où il croyait pouvoir être plus utile à son pays et à la monarchie; le roi n'y réussit qu'en lui écrivant pendant le conseil (n'ayant pas voulu le lui dire de vive voix, pour ne pas mettre les autres ministres dans la confidence de ce débat) que s'il ne consentait pas à accepter la pairie, il serait contraint de conserver son portefeuille, tous ceux auxquels le ministère avait été proposé mettant pour condition de leur acceptation l'entrée de M. de Villèle dans la chambre haute.

M. de Villèle ayant persisté dans son refus, le roi lui fit passer un second billet contenant ces mots : « Vous voulez donc vous imposer à moi » comme ministre? » M. de Villèle répondit immédiatement en marge de ce billet : « Le roi sait bien

» le contraire, mais puisqu'il a pu l'écrire, qu'il » fasse de moi ce qui lui plaira; Dieu veuille qu'il » n'ait pas à s'en repentir! »

Ainsi se termina ce débat. M. de Chabrol ayant rendu compte du succès de ses négociations, les membres du ministère se retirèrent après avoir pris congé de Charles X; M. de Villèle remplit le même devoir envers M. le Dauphin, qui lui témoigna les regrets que lui causait sa retraite, mais ajouta: « Vous étiez devenu si impopulaire! » M. de Villèle ne put s'empêcher de laisser échapper cette réponse: « Monseigneur, Dieu veuille que ce soit » moi! »

Les amis de M. de Villèle regrettèrent vivement qu'il eût cessé de faire partie de la chambre des députés. Il reçut dans la journée la visite de plusieurs des nouveaux ministres qui, ne pouvant s'entendre sur leurs attributions, vinrent lui demander de les mettre d'accord. Le roi le fit appeler deux fois pour le même objet. Enfin, le 5 janvier, l'ordonnance portant nomination du nouveau ministère put être insérée au *Moniteur*.

M. de Villèle écrivit le 5 janvier à son fils:

« Mon cher ami, Dieu soit loué! me voilà définitivement arrivé au terme de ma carrière politique, » me voilà débarrassé du ministère!

» On a jugé à propos de m'enterrer à la chambre » des pairs. Je me soumets, et je m'en console par

» la considération que cette mesure m'assure la plus » complète jouissance de ma liberté.

» Je viens de faire remise du ministère à M. Roy. » Je le laisse en bon état, tout à jour, et dans une » situation assez prospère pour rester honoré de » l'administration qui m'a été confiée pendant six » ans. »

M. de Villèle avait formé le projet de se rendre sans délai à Toulouse; mais la session des chambres ayant été fixée au 5 février et avis lui ayant été donné des attaques qui seraient dirigées contre lui, la nécessité de sa défense le retint à Paris.

Il ressort des lettres de Charles X à M. de Villèle, que le roi avait conservé pour son ancien ministre l'attachement et la confiance qu'il lui avait toujours témoignés. Dans son embarras pour résister aux demandes de concessions formées par les membres du nouveau cabinet, le roi éprouvait le besoin de consulter son ancien président du conseil; mais il en résulta que le nouveau ministère, trouvant de la résistance là où il ne s'attendait pas à en rencontrer et l'attribuant aux conseils de M. de Villèle, le fit attaquer par les journaux sur lesquels il avait action. Ces attaques eurent un résultat opposé à celui que l'on en espérait; car, loin de déterminer M. de Villèle à s'éloigner, elles lui imposèrent le devoir de rester à Paris et l'empêchèrent de se rendre en Languedoc où l'appelait la vie de famille, qui a toujours eu pour lui tant d'attrait.

M. le prince de Polignac et ses amis, qui n'avaient pu réussir à entraîner le roi dans leurs voies et à former un ministère, avaient peut-être même contribué, par les craintes qu'ils inspiraient, à faciliter la formation de celui de M. de Chabrol : ils cherchèrent alors à établir des rapports avec M. de Villèle, pour s'autoriser d'un concours qu'il ne se montrait pas disposé à leur donner.

De leur côté, MM. de La Bourdonnaye et de Lalot firent prier M. de Villèle de les aider de son influence pour ramener l'union parmi les royalistes; M. de Villèle leur répondit qu'il contribuerait franchement de tout son pouvoir à cette œuvre, à la seule condition que la marche adoptée eût pour but la défense de l'autorité du roi et la rupture complète des royalistes avec les députés révolutionnaires.

Ainsi M. de Villèle, en quittant le pouvoir, non-seulement ne perdit la confiance d'aucun de ses anciens amis, mais il eût été pris pour guide, s'il avait voulu y consentir, par ceux mêmes qui avaient été ses adversaires.

Si le ministère Martignac se fût uni aux royalistes, il aurait eu la majorité dans les deux chambres; mais par système ou par faiblesse, peut-être par crainte de ses prédécesseurs, il préféra chercher son point d'appui à gauche.

Les résultats des votes, lorsqu'on procéda à la vérification des pouvoirs, à la nomination des candidats à la présidence, à celle des vice-présidents et des secrétaires, en fournirent la preuve. Ils démontrèrent en même temps que, sans l'abandon du roi et les préventions de M. le Dauphin, la dissolution de la chambre des députés et la création de pairs auraient raffermi le gouvernement royal, s'il ne s'était lui-même livré à la coalition de ses adversaires.

Les organes du nouveau ministère contenaient presque journellement des menaces d'accusation contre M. de Villèle et ses collègues, cherchant par là à effrayer le roi et à jeter le désordre dans les rangs des royalistes qui étaient restés fidèles à l'ancien président du conseil.

M. de Villèle écrivait le 1er mars à son fils :

« Loin de redouter l'accusation dont on me
» menace, je la provoquerais de tout mon pouvoir,
» si dans tout ceci c'était en effet de moi qu'il s'a-
» gît; mais on ne cherche par toutes ces menaces
» et par l'acte lui-même, si on l'exécute, qu'à lan-
» cer la chambre dans une voie de violence et qu'à
» forcer le roi à faire des concessions destructives
» de son autorité et fatales au repos du pays. »

MM. de Chabrol et d'Hermopolis, qui avaient cru pouvoir rester au ministère après la retraite de leurs collègues, furent bientôt forcés d'abandonner leurs portefeuilles par suite de l'adresse qui qualifiait de *déplorable* l'administration dont ils avaient été membres. Ils eurent pour successeurs MM. Hyde de Neuville et Feutrier.

L'adresse fut votée par 198 voix appartenant à la gauche, à la défection et au nouveau ministère, et repoussée par 164 voix restées fidèles à la précédente administration. Elle contenait cette phrase: « Ses vœux (ceux de la France) ne demandent aux » dépositaires de votre pouvoir que la vérité de » vos bienfaits; ses plaintes n'accusent que le » système déplorable qui les rendit trop souvent » illusoires. »

Le ministre des finances, M. le comte Roy, en présentant à la chambre des députés les comptes de 1826 et de 1827, parla de la dette flottante comme d'un déficit découvert par lui; c'était inexact, absurde, mais cela fournissait un texte aux déclamations destinées à égarer le public.

Peu de jours après, M. Laffitte fit au ministre l'observation que le prétendu déficit signalé par lui n'était en réalité que la dette flottante connue depuis longtemps, sanctionnée par les votes des chambres, et qui d'ailleurs, du propre aveu de M. le comte Roy, ne pouvait inspirer aucune inquiétude, vu son exiguïté.

Plus tard, M. de La Bourdonnaye, qui, certes, ne pouvait être suspect de partialité envers M. de Villèle, qualifia, de son côté, comme elle le méritait, l'allégation du ministre des finances. Dans le rapport qu'il fit au nom de la commission du budget, il déclara sans détour que le prétendu déficit était une invention, une fable absurde, et rendit un éclatant hommage à l'état prospère des finances.

Enfin, M. de Villèle, profitant de la discussion qui eut lieu à la chambre des pairs sur la demande de 80 millions formée par le ministère, prouva que la dette flottante n'était, en réalité, que de 73 millions, comme en 1822, lorsque M. Roy avait quitté le ministère; que cette dette avait été portée à 163 millions par les 89 millions avancés à l'Espagne; que sur ces 163 millions, 60 millions seulement étaient demandés au crédit en bons royaux, 65 millions appartenant aux communes et 40 millions aux receveurs généraux. Il rappela aussi qu'il y avait eu en 1827, 25,568,150 fr. d'excédant des recettes sur les dépenses ordinaires, et cela, à la suite d'un dégrèvement important.

M. de Villèle ayant demandé à M. le comte Roy s'il reconnaissait que l'actif du trésor dût être déduit des 200 millions de dette flottante qu'il disait exister, celui-ci répondit que la déduction était de toute justice, mais qu'il avait ajouté à la dette 40 millions qu'il allait dépenser en 1828. M. de Villèle objecta que les dépenses que M. le comte Roy avait le projet de faire ne regardaient pas son prédécesseur et ne pouvaient être imputés à l'administration de celui-ci *.

Un arrêt de la cour royale de Paris, rendu sous la présidence de M. Séguier, ordonna la mise en liberté de tous les prévenus pris et arrêtés, même blessés sur les barricades de novembre 1827, l'instruction n'ayant fourni contre eux, disait l'arrêt, aucune preuve, aucun indice. Il ne manquait à cet arrêt que la condamnation des troupes qui avaient forcé les barricades et dissipé la rébellion.

Dans la séance du 25 mars, la chambre des députés reçut du ministre de l'intérieur un projet de loi sur la révision annuelle des listes électorales et du jury, ce projet contenait dans la faculté d'intervention des tiers une concession dangereuse qui permettait au parti libéral d'exercer une pression directe sur les élections. Un projet sur l'interprétation des lois, présenté par le ministre de la justice, portait attribution aux chambres du droit d'interprétation réservé jusque-là au roi, comme ayant seul l'initiative et la sanction des lois. Enfin l'abandon de la procédure par tendance, du droit d'autoriser ou de refuser la création de tout nouveau journal et la renonciation à la censure facultative, constituant l'indépendance complète de la presse, enlevaient au gouvernement le seul moyen efficace qui lui restât de protéger la société, dans des cir-

* *Moniteur* du 13 juin 1828.

constances graves, contre des attaques subversives de l'ordre public.

Ces concessions furent offertes par le ministère aux coalisés de la gauche et de la défection, pour en obtenir une existence éphémère et se créer un appui contre les sentiments du roi, auquel il sentait bien avoir été imposé.

M. de Villèle écrivait le 7 juin à son fils :

« Je t'assure que ma présence ici n'est bonne à » rien pour la chose publique, et n'est propre qu'à » me commettre; néanmoins je resterai tant que » l'honneur l'exigera.

» Croirais-tu que le ministère a eu l'infamie » d'envoyer à la commission du budget les deux » dossiers des bois laissés en garde à la grande » Chartreuse et de ceux qui ont été rendus à la » fabrique de la métropole de Reims? Ces deux » affaires sont fort en règle et faciles à défendre, » mais je n'ai connu cette perfidie que très-fortui- » tement, et il peut et doit en avoir été commis bien » d'autres que j'ignore; ce qui me cloue ici jusqu'à » la fin de la session, car moi seul suis en état de » répondre à des attaques aussi captieuses qu'im- » possibles à prévoir; c'est bien dur pour moi; » mais sois tranquille, plus ils tenteront de me » nuire, plus ils mettront en lumière ma loyauté; » avec de la patience et du temps, la vérité et la » justice doivent finir par triompher. »

Les réélections faites dans de telles circonstances furent naturellement presque toutes favorables au parti libéral, et accrurent sa force dans la chambre des députés; les habiles du parti s'attachaient à inspirer des craintes aux ministres relativement aux rapports qui s'étaient maintenus entre Charles X et M. de Villèle, et de part et d'autre ils s'efforçaient de se garantir d'un retour auquel ils croyaient le roi disposé.

C'est pour atteindre ce but que fut produite la demande de mise en accusation de l'ancien ministère; car ce n'était qu'une misérable intrigue et une tentative pour effrayer et dominer le roi, les promoteurs sachant parfaitement d'avance que cette accusation n'aboutirait à rien.

Le 4 juin, M. Labbey de Pompières formula, à la chambre des députés, dans les termes suivants, la demande de mise en accusation du précédent ministère :

« Je propose à la chambre d'accuser les précé-
» dents ministres de trahison envers le roi qu'ils ont
» isolé du peuple, et de trahison envers le peuple
» qu'ils ont isolé de la confiance du roi; je les
» accuse d'avoir attenté à la constitution du pays
» et aux droits des citoyens; je les accuse de con-
» cussion pour avoir perçu des taxes non votées
» et dissipé les deniers de l'État. »

M. de Martignac, ministre de l'intérieur, monta

immédiatement à la tribune pour repousser la prise en considération, se fondant sur les termes de l'accusation qui comprenaient la personne sacrée du roi, que la constitution mettait en dehors de tout débat parlementaire. Ceux mêmes qui avaient poussé à cet acte furent forcés de reconnaître l'inconvenance de la forme sous laquelle il avait été produit. On demanda la séparation de ces griefs du reste de l'accusation; M. de Montbel, que chacun savait être l'ami de M. de Villèle, appuya la proposition de division et vota, au nom du ministère accusé, pour qu'après le rejet de la première rédaction une proposition mieux libellée que celle que présentait l'accusateur fût renvoyée dans les bureaux. Il demanda d'avance qu'elle fût prise en considération par la chambre, dans l'intérêt même de la justice due aux accusés.

La proposition réduite aux termes suivants fut adoptée : « La chambre des députés accuse les mem» bres de l'ancien ministère des crimes de trahison » et de concussion. »

Deux jours après fut signée l'ordonnance dirigée contre les jésuites, portant que le serment de ne faire partie d'aucune congrégation religieuse non autorisée serait exigé de tous ceux qui se livreraient à l'instruction publique.

L'accusation des ministres fut le moyen dont on se servit pour arracher au roi l'ordonnance dont il s'agit, de même que les discussions violentes sur les élections n'avaient eu lieu que pour le forcer à abandonner d'intention son précédent ministère comme il l'avait déjà abandonné de fait.

M. de Villèle écrivait le 26 juin :

« Il paraît certain que dans tout ceci le but » est de me placer dans une situation telle que, » pendant l'absence des chambres, le roi ne puisse » me reprendre pour son ministre. On a bien de la » bonté : il le voudrait en vain. Pour rien au monde » je n'y consentirais, et certainement il n'y pense » pas plus que moi, etc., etc. »

M. de Villèle écrivait encore le 21 juillet au sujet d'une attention qu'avait eue pour lui madame la duchesse d'Orléans :

« J'ai répondu par la même voie, en témoignant » ma reconnaissance, mais sans parler des larmes » de regret que m'a fait verser ce témoignage d'in- » térêt de cette part, quand du côté de celui que » j'ai servi si longtemps et si bien, du moins d'in- » tention et de dévouement, je n'avais pas eu depuis » quelque temps le moindre signe d'intérêt. »

La conduite de Charles X à laquelle il était fait allusion tenait à la connaissance des motifs qui avaient déterminé la proposition de mise en accusation et à la crainte que des témoignages d'intérêt ne fussent faussement interprétés, et n'augmentassent la peur que l'on conservait encore du retour de M. de Villèle au pouvoir.

Les libéraux, les défectionnaires et les partisans du ministère s'étant concertés pour la nomination de la commission à laquelle l'acte d'accusation devait être renvoyé, elle fut composée de MM. Benjamin Constant, Mauguin, Girod (de l'Ain), libéraux; de MM. de Lalot et Agier, défectionnaires et ennemis personnels de M. de Villèle; de MM. Raudot et Dutertre, royalistes modérés et indépendants; de M. de Montbel, maire de Toulouse, et de M. le comte de Lamezan, colonel du génie, ancien officier d'ordonnance de Bonaparte, tous deux amis et le second parent de M. de Villèle.

La majorité dans la commission était donc acquise d'avance à l'accusation; cinq semaines se passèrent en investigations, en discussions passionnées, MM. de Montbel et de Lamezan ne laissant produire aucune accusation sans la combattre avec talent, courage et persévérance, ni aucune allégation sans en démontrer l'inexactitude et la fausseté.

L'accusation, absurde en elle-même, fut sur tous les points réduite à néant par les renseignements circonstanciés que M. de Villèle et ses anciens collègues fournirent à MM. de Montbel et de Lamezan; aussi la majorité de la commission fut-elle réduite à proposer une sorte d'ajournement, en concluant « à ce qu'il y avait lieu à instruire sur l'accusation » de trahison et de concussion proposée contre les » membres du dernier ministère. »

Le président ayant fait à la chambre la proposition de fixer une époque pour la discussion, et personne ne prenant la parole, M. de Montbel crut devoir monter à la tribune pour demander que la discussion fût ouverte dans le plus court délai possible, la proposition d'accusation étant, selon lui, d'une haute importance pour les droits et la dignité de la chambre, et se rattachant aux plus graves intérêts. « En remettre la discussion après le budget, disait M. de Montbel, ce serait exposer la chambre à délibérer en l'absence d'un très-grand nombre de ses membres; l'équité, la loyauté s'opposaient à ce qu'un pareil parti fût adopté, car il serait considéré comme une tentative de surprise ou un déni de justice. » Il conclut à ce que le débat eût lieu immédiatement après le vote de la loi qui était en discussion. La droite tout entière donna son adhésion à la proposition de M. de Montbel et se leva pour l'appuyer. A la contre-épreuve, la gauche et les centres se levèrent contre. La proposition fut ainsi rejetée et le renvoi après le budget adopté. C'était l'abandon manifeste de l'acte d'accusation.

Le rapport, reposant sur des griefs imaginaires, parut faible aux uns, ridicule aux autres. La droite s'honora par sa conduite; celle du reste de la chambre fut jugée honteuse et son vote considéré comme un déni de justice, la gauche et la défection n'ayant pas osé soutenir l'accusation lorsque le moment de le faire fut venu.

A l'ouverture de la séance où le rapport fut lu, M. de Montbel se fit inscrire le premier pour défendre le ministère, exemple qui fut suivi par un grand nombre de membres de la droite. M. Royer-Collard l'ayant appelé près de lui, au fauteuil de la présidence, lui dit : « Non, monsieur, vous ne par-
» lerez pas le premier pour défendre M. de Villèle,
» ce sera moi; je lui suis trop redevable pour
» ne pas me réserver cet avantage; je lui dois la
» conservation de ma fortune; il l'a oublié, lui,
» sans doute, mais moi, je m'en souviens, veuillez
» le lui dire. »

M. de Villèle écrivait le 26 juillet :

« Dieu donne au roi et au pays des serviteurs plus
» habiles et plus heureux! Nous pouvons, sans pré-
» somption, dire qu'ils n'en auront jamais de plus
» sincèrement dévoués, ni de plus probes : c'est ce
» que personne ne nous conteste.

» En somme, tout ce qu'ils ont tenté a tourné à
» leur honte; nous avons été tourmentés, mais dé-
» sormais on nous laissera tranquilles. J'espère que
» nos tribulations sont finies, il sera honorable de
» les avoir méritées de la part de ceux de qui elles
» nous sont venues et de les avoir supportées avec
» le calme que nous y avons mis.

» Au reste je pars le cœur moins contristé depuis

» que j'ai la preuve qu'en certain lieu on veut bien » encore se souvenir des efforts que je n'ai cessé de » faire pour bien servir. J'étais vivement affligé de » l'oubli dans lequel les apparences ont semblé » quelque temps avoir placé mes bonnes intentions » et mon dévouement.

» Je suis heureux du témoignage que je viens de » recevoir en opposition avec ces apparences, cela » me suffit. Vous ne sauriez croire à quel point » l'opinion se rectifie à mon égard et à celui de Cor- » bière ; nos plus grands ennemis sont obligés de » dire : « Oh! pour ceux-là, ce sont d'honnêtes » gens. »

» L'honneur de la session est pour Montbel, qui » est celui qui nous a le plus constamment et le » plus courageusement défendus. »

M. de Villèle prononça encore deux discours à la chambre des pairs pour la défense des comptes de 1826 et de 1827, avec la modération qui l'a toujours caractérisé*.

Il ne quitta Paris pour se rendre dans sa terre de Morville près de Toulouse que le 5 août, n'ayant pas voulu partir avant la clôture de la session, dans la crainte qu'en l'absence des royalistes l'accusation ne fût reprise ; mais la gauche elle-même reconnut que ce qu'elle avait considéré comme une tactique

* *Moniteur* de 1828, pages 1251 et 1252.

pour arracher à Charles X des concessions avait été une faute.

Avant de s'éloigner de la capitale, M. de Villèle reçut du roi la lettre suivante :

Saint-Cloud, 2 août 1828.

» Accoutumé depuis longtemps, mon cher Villèle, » à écouter des conseils dictés par un sincère atta- » chement, j'ai renoncé à mon désir de vous voir » et de causer avec vous avant votre départ. Vous » devez me savoir gré de ce sacrifice.

» M. de Montbel a pu vous dire que je lui ai » témoigné hautement ma satisfaction de la conduite » sage et noble qu'il a tenue dans la *sale* affaire de » la prétendue accusation. Elle s'est terminée aussi » convenablement qu'on pouvait s'y attendre, et » je suis convaincu que personne n'osera y re- » venir.

» Je ne vous dirai rien sur ce que vous savez » aussi bien que moi. Voilà la session finie, et si on » s'y prend bien, je crois que l'on pourra tirer » parti des chambres l'année prochaine.

» Partez en paix, mon cher Villèle; je sais que » vous ne vous tourmentez jamais inutilement, aussi » je suis tranquille pour vous, et j'espère que le » repos de la campagne consolidera votre santé.

» Dites mille choses pour moi à madame de Villèle,

» je veux que son âme soit en paix comme la vôtre.
» Comptez pour la vie sur tous mes sentiments
» d'estime, d'affection et de confiance.

(*Réponse.*) » CHARLES. »

M. de Villèle reçut de ses nombreux amis dans sa retraite près de Toulouse de pressantes sollicitations de se rendre à la session de 1829. Il y opposa un refus constant.

L'ouverture des chambres eut lieu le 27 janvier, par un discours fort long, mais qui ne contenait rien d'important que l'annonce d'un projet de loi sur l'organisation municipale et départementale. Ce projet, présenté peu de jours après à la chambre des députés par M. de Martignac, conférait aux plus imposés de chaque localité les élections des conseils municipaux, des assemblées cantonales, des conseils d'arrondissement et de département. C'était un monopole qui donnait la majorité aux moins imposés des appelés et enlevait à la grande propriété l'appui qu'elle eût trouvé dans le concours de tous les imposés au rôle des contributions.

L'ordre du jour de la chambre des députés, du 19 février, portait : « Développements des propo-

» sitions de MM. de Pompières et de Salverte rela-
» tives à l'accusation des anciens ministres. »

M. de Salverte produisit en effet dans cette séance sa proposition et entra dans toutes les explications qu'elle lui semblait comporter; elle fut écartée, à la presque unanimité, par la question préalable.

Le tour de celle de M. de Pompières vint ensuite; mais il déclara avoir été trop péniblement impressionné par ce qui venait de se passer pour être en état de développer sa proposition, et qu'il la retirait, se réservant de la reproduire ultérieurement.

Dans la discussion de la loi communale, les royalistes repoussèrent le projet, comme constituant un monopole dangereux, et les libéraux, comme enfermant les élections dans un cercle trop étroit.

Les deux côtés de la chambre mirent à la concession d'un vote favorable la condition que les amendements de la commission seraient adoptés, leur but était d'étendre le monopole électoral proposé par la loi.

La discussion commença le 30 mars; mais la chambre ayant adopté, le 8 avril, un amendement de la commission, repoussé avec persistance par le ministère, entraînant la suppression des arrondissements, le ministre de l'intérieur se présenta à la tribune et donna lecture d'une ordonnance royale portant retrait des deux projets de loi.

Cette mesure, empreinte de violence, démontrait

le peu de succès du système de concessions adopté par le roi depuis quinze mois.

Dans la discussion des crédits supplémentaires de l'exercice précédent, la violence de la majorité, formée des libéraux et des défectionnaires, n'eut point de bornes. Tout leur démontrant que le ministère de concession était à bout de voie et ne survivrait pas à la fin de la session, ils redoutaient le rappel du ministère à la chute duquel ils avaient tant travaillé.

Cette discussion mérite d'être lue. On est frappé de la violence et de l'injustice des attaques dirigées contre les membres de l'ancien ministère, et de la perfidie avec laquelle sont présentés des faits supposés; c'est dans cette occasion qu'on put apercevoir pour la première fois le vide produit dans la chambre des députés par l'éloignement de M. de Villèle, qui n'était resté étranger à aucune des discussions sur les comptes depuis 1814.

Si le roi, plus éclairé sur ses véritables intérêts et sur ceux du pays, eût permis que MM. de Villèle et de Corbière fussent restés à la chambre des députés, il eût été immédiatement fait justice de toutes les attaques dirigées contre leur administration. C'est ce qu'avaient pressenti leurs successeurs lorsqu'ils déclarèrent au roi qu'ils n'accepteraient pas le ministère tant que les deux premiers seraient membres de la chambre des députés.

La session des chambres fut close le 31 juillet. Une ordonnance du 8 août appela au ministère MM. de Polignac, de Bourmont, de La Bourdonnaye, de Montbel, de Chabrol, Courvoisier et d'Haussez, celui-ci sur le refus de M. de Rigny.

M. de Villèle, retiré dans sa terre de Morville près de Toulouse, était toujours considéré par l'opinion publique comme devant être rappelé aux affaires par la force des choses, l'insuffisance du ministère Polignac se faisant sentir de plus en plus.

M. de Villèle recevait les plus pressantes sollicitations de hâter son retour à Paris; on lui écrivait *que le roi avait son rappel dans la tête et dans le cœur;* mais on lui affirmait aussi avoir entendu le roi répéter plusieurs fois ce propos : « *Villèle est trop précieux,* » *trop indispensable à mon service pour que je veuille* » *le commettre.* »

M. de Montbel lui écrivait à cette époque :

« Mon cher ami, le temps marche et nous rap- » proche de la session; mais en approchant du com- » bat, on s'aperçoit chaque jour qu'un homme seul » aurait la vigueur nécessaire pour le soutenir avec » avantage, et cet homme dont on reconnaît l'im-

» mense capacité, la sagacité merveilleuse, la dis-
» cussion écrasante pour les adversaires, cet homme
» non-seulement n'est pas repoussé par ses anciens
» ennemis, mais ils ont dit hautement qu'ils s'estime-
» raient heureux de le voir reprendre les rênes.
» *C'est sans exception*, etc., etc. »

Et le 22 novembre :

« Mon cher et bon ami, nous voilà dans une crise
» que la nature des choses amenait et que vous aviez
» bien prévue. M. de La Bourdonnaye, par ses idées
» peu d'accord avec celles des autres membres du
» conseil, a amené une question de présidence que
» j'ai voulu vainement écarter; il a annoncé qu'il se
» retirerait si on nommait un président. Le roi était
» déjà décidé et croyait devoir créer un président,
» M. de Polignac. La Bourdonnaye ne veut pas le
» subir; en conséquence, il donne sa démission.

» Au moment où l'on a annoncé que La Bour-
» donnaye se retirait, M. Courvoisier a dit haute-
» ment : « Un seul homme peut soutenir le système
» et lui donner dans l'opinion une consistance qui
» lui permette de se maintenir, cet homme c'est
» M. de Villèle. Je sais les inconvénients qu'il peut
» y avoir à son rappel dans le moment, mais c'est la
» seule possibilité, et mon idée à ce sujet est si
» bien arrêtée que moi, qui depuis trois mois subis
» le ministère sans confiance, sans espoir, je re-
» prends espoir et confiance, je regarde le succès

» comme assuré. » MM. de Chabrol, d'Haussez et
» de Bourmont ont tenu le même langage. MM. de
» Courvoisier et de Chabrol mettent même leur pré-
» sence au ministère à ce prix. Le roi tombe d'ac-
» cord de cette nécessité et indique que là est sa
» confiance. M. de Polignac dit de même; ils exa-
» minent seulement quel est le moment le plus
» favorable. Le plus tôt c'est le mieux, disons-nous;
» nous sommes par conséquent d'accord qu'il faut
» que la chose ait lieu. L'opinion de tous vous pro-
» clame le seul homme d'État de notre époque. Vos
» prévisions s'accomplissent. Vos 3 0/0 sont à 86,
» vos antagonistes du remboursement des rentes
» sont forcés de le demander eux-mêmes. Le temps
» est venu, vous pouvez faire un bien immense à
» la monarchie. Le chef compte que vous serez
» bientôt ici. Répondez-moi le plus tôt possible; mes
» collègues m'ont prié de vous écrire pour vous
» demander si vous accepteriez de rentrer au minis-
» tère lorsque le roi vous appellerait.

» Vous sentez que ma confiance serait tout autre
» si je combattais auprès de vous.

» Adieu, tout à vous, de tout mon cœur; répondez-
» moi sans délai.

» Votre dévoué

» MONTBEL. »

M. de Villèle répondit :

« Mon cher ami, quand vous recevrez ma lettre, » vous aurez déjà jugé comme moi qu'il est impos- » sible que je réponde à la question générale que » vous m'adressez. Si vous entendez parler du mo- » ment présent, je réponds négativement; si vous » entendez parler pour un autre temps, je réponds » qu'alors, comme aujourd'hui, je chercherai à juger » de mon mieux de l'utilité de la mesure, et que » ce sera alors comme aujourd'hui cette utilité qui » dictera ma réponse.

» Je ne puis vous cacher que ce qui vient d'avoir » lieu me paraît peu propre à vous donner la force » qui serait nécessaire pour triompher des obstacles » infinis qui vous vont assaillir.

» Je dois vous dire encore qu'on assure que tout » cela est le résultat d'une intrigue de M. de Ber- » thier, qui espérait succéder à celui auquel il » n'a fait que fournir maladroitement un motif ho- » norable de se retirer et un moyen de recom- » mencer à nuire.

» Si dans une position aussi grave, nos affaires » sont conduites par des intrigues, non-seulement » elles finiront mal, mais encore d'une manière » honteuse.

» On assure que Chabrol ne vise qu'à se retirer » hors de cette bagarre, en se réfugiant comme » Portalis dans la première présidence de la cour

» des comptes. Ce n'est pas dans de telles dispositions, ce me semble, qu'on peut soutenir avec » succès la lutte décisive qui va s'engager.

» Adieu, mon bien bon ami; remerciez de leur » confiance ceux qui ont bien voulu vous charger » de me la témoigner. Si on m'eût laissé à la chambre » des députés, je leur offrirais de les aider en dehors, » et je sens que je pourrais encore y être utile; réduit à des vœux, ils sont pour le triomphe de » la cause à laquelle est lié le salut de la France et » de chacun de nous; vous savez que ceux qui la » défendront peuvent être sûrs de me trouver toujours dans leurs rangs. »

M. de Villèle répondit encore le 13 février à M. de Montbel, qui le consultait sur la prorogation de la chambre dans le cas d'une adresse hostile et le pressait de se rendre à Paris pour l'ouverture de la session, que sa présence serait plus nuisible qu'utile, relégué, comme il l'était, dans une chambre sans action sur l'opinion et dont on n'avait à redouter aucune opposition dans la réponse au discours du roi.

Quant à la prorogation de la chambre, après une adresse inconvenante, il critiquait vivement cette mesure faible, dilatoire et propre uniquement à accroître l'audace des perturbateurs, en ajournant la difficulté au lieu de la résoudre.

Aborder nettement la session avec l'apport du

budget, lui semblait ce qui présenterait le plus de chances de succès, et annoncerait le plus d'habileté et d'aplomb de la part du gouvernement. Ou la chambre l'adopterait, et on en serait débarrassé; ou elle le refuserait, et alors sa dissolution et l'appel au pays seraient pleinement justifiés. L'ajournement devant cesser tôt ou tard, si c'était tôt, autant et mieux valait ne pas y avoir recours et casser immédiatement la chambre sur son adresse; si c'était tard, on remettrait le pays dans la nécessité des provisoires, ce qui serait plus contraire à l'autorité royale et au gouvernement qu'aux députés, qu'on recréerait ainsi de nouveau les dominateurs de l'État, par l'allocation de fonds indispensables aux services publics; il le conjurait, avant de se décider, de bien peser ces puissantes considérations.

Mais M. de Polignac rêvait des coups d'État, et son ministère avait trop peu d'action sur les députés et trop peu d'habitude de la tribune, pour oser s'exposer à la lutte qu'une mauvaise adresse devait le mettre dans la nécessité de soutenir contre la chambre.

Les sages conseils de M. de Villèle ne furent point écoutés. Consulté par un autre de ses amis, M. de Forbin, sur le discours d'ouverture et sur la question d'ajournement de la chambre, M. de Villèle lui répondit que le discours devait être calme et modéré sans faiblesse, mais aussi sans provocation ni récrimination.

Quant à l'ajournement ou prorogation de la chambre après l'adresse, M. de Villèle persistait à la considérer comme une mesure impolitique, et faite pour accroître les difficultés de la situation au lieu de les diminuer.

Attiré à Paris, bien moins par l'ouverture des chambres que par des raisons de famille, M. de Villèle, ayant différé le plus possible un voyage qui lui répugnait, n'y arriva que quelques heures avant les couches de sa fille.

A son arrivée à Paris, ses nombreux amis s'empressèrent autour de lui pour connaître son appréciation de la situation des affaires. M. de Peyronnet lui disait : « qu'il se faisait tant de fautes, qu'il » lui paraissait probable qu'elles étaient inspirées » par lui, dans le but de se faire désirer au ministère, comme la seule ressource restant au roi et » au pays; » et M. de Villèle lui répondait : « qu'il » le connaissait bien mal, s'il le croyait capable de » jouer ainsi le rôle de Mazarin, s'il le supposait » d'une ambition assez aveugle pour rentrer au » ministère, après l'épreuve faite, quand ils en » étaient sortis, de la faiblesse de caractère du » roi, et après que la plupart des moyens de défense de la couronne avaient été abandonnés à » l'ennemi. Il signalait l'influence des factions sur

» les colléges électoraux légalisée par l'interven-
» tion des tiers ; la liberté de la presse rendue
» dominante par l'abandon de la censure faculta-
» tive, etc. »

M. de Villèle ajouta : « qu'il plaindrait de toute
» son âme ceux qui seraient au ministère quand
» il faudrait avoir recours à quelque acte de force
» et de fermeté; qu'en conséquence, loin de jouer
» le rôle que supposait M. de Peyronnet, il ne son-
» geait qu'à quitter Paris dès que l'état de sa fille le
» lui permettrait, l'engageant à suivre son exemple
» et à se tenir en garde contre les tentatives qu'on
» ne manquerait pas de faire auprès de lui pour
» l'attirer dans un ministère où il ne pourrait que
» se perdre. »

M. de Villèle s'étant rendu quelques jours après à l'invitation qu'il avait reçue pour assister au jeu chez le roi, mais s'y tenant à l'écart, fut aperçu par Charles X, qui se dirigea aussitôt vers lui, et l'aborda en lui disant : « Pourquoi se faire si petit, » quand on est si grand? » Le roi s'étant entretenu quelque temps avec M. de Villèle, lui dit avec affectation en le quittant, de manière à être entendu de ceux qui l'entouraient : *Vous aurez votre audience pour mercredi à midi*. M. de Villèle, qui n'en avait pas demandé, comprit ce que cela signifiait : le but de Charles X était de rassurer M. de Polignac et ses amis, en écartant toute supposition de conférences secrètes entre lui et l'ancien président de son conseil.

Dans cette audience, Charles X, non sans laisser percer quelque gêne, traita avec beaucoup de bonté M. de Villèle, qui, se tenant sur la réserve, évita de prendre l'initiative d'aucun sujet de conversation, mais s'exprima, selon son habitude, avec toute franchise sur les questions assez vagues dont le roi l'entretint.

M. de Villèle trouva en rentrant chez lui une visite à laquelle il ne s'attendait pas, celle de MM. Humann et Dumaralhac, venant lui proposer, au nom des députés des centres, « de lui apporter » l'engagement signé par un nombre supérieur à » la majorité de la chambre de faire passer le » budget qu'il leur présenterait, si le roi voulait le » charger de former un nouveau ministère, et se » contenter pour cette session de cette loi indispen- » sable, qui donnerait à l'opinion le temps de se cal- » mer, et au roi celui d'aviser au moyen de rétablir » l'harmonie entre lui et la chambre des députés. »

Pour justifier cette proposition, ils avouèrent « avoir compté que le roi reculerait devant leur » adresse, et être désespérés de l'avoir votée, de- » puis qu'ils apercevaient les conséquences fatales » qui pourraient en résulter pour le pays, pour » eux-mêmes, qui, las de révolutions, avaient la » sécurité de leur famille et de leur fortune à mé-

» nager, et voyaient tout compromis par l'obstina-
» tion de M. de Polignac. » Ils ajoutèrent : « C'est un
» homme qui se croit prédestiné à sauver la France,
» c'est par un coup d'État qu'il le tentera, sans
» avoir rien de ce qu'il faut pour réussir; il le
» manquera et nous jettera en révolution; c'est ce
» que nous voulons éviter par la démarche dont nos
» collègues nous ont chargés ; nous croyons, en
» agissant ainsi, faire acte de bons citoyens, et nous
» espérons que Sa Majesté en jugera de même. »

M. de Villèle leur fit remarquer « qu'il était le
» dernier de ceux auxquels ils dussent s'adresser
» avec quelque chance de succès; que, regrettant
» d'avoir tenté d'imposer au roi le changement de
» son ministère, ils lui demandaient d'ajouter à cet
» acte celui de s'imposer lui-même au roi et au pays
» comme unique moyen d'obtenir de la chambre le
» budget; qu'il ne pouvait, ils devaient le sentir,
» dire un mot, non-seulement au roi, mais à qui que
» ce fût, de leur proposition ; qu'il leur en garderait
» le secret, appréciant leurs bonnes intentions, les
» engageant à prendre quelque autre moyen pour
» les utiliser; que, pour sa part, il verrait avec joie
» ramener l'union entre les pouvoirs dont la divi-
» sion pourrait causer la perte du pays. »

Malgré la justesse des considérations et l'élévation des sentiments qui dictèrent la réponse de
M. de Villèle, il serait impossible de ne pas re-

gretter que la démarche faite par MM. Humann et Dumaralhac n'eût pas été portée à la connaissance du roi, car l'on peut supposer que l'acceptation de leur proposition eût évité à la France et à l'Europe de longues années de révolution. Ce regret, quant à ce qui concerne M. de Villèle, ne peut exister : les députés chargés de cette mission honorable ne s'étant point laissé décourager par le refus de M. de Villèle, et s'étant adressés à M. de Chabrol, en le priant d'informer le roi de la mission qu'ils avaient acceptée et dont ils s'étaient acquittés près de M. de Villèle. Les événements ont montré que Charles X n'avait point attaché aux propositions de ces députés l'importance qu'elles méritaient.

M. de Montbel insista en vain à diverses reprises près de M. de Villèle pour qu'il consentît à rentrer au ministère, et fut chargé de lui annoncer la visite de M. de Polignac et de M. de Chabrol pour obtenir son assentiment.

M. le prince de Polignac se rendit en effet chez M. de Villèle, et après l'aveu de l'insuffisance du ministère pour surmonter la crise dans laquelle on se trouvait, lui fit l'offre d'y entrer, « afin de les » aider dans la lutte qui ne pouvait manquer de » s'établir au retour des chambres, ajoutant que la » présidence du conseil ne serait point un obstacle. »

M. de Villèle lui répondit « qu'un acte de ce » genre ne lui semblait pouvoir amener aucun bon

» résultat, et que rien ne pourrait le porter à y » consentir : ni l'intérêt du roi, qui aurait l'air de » reculer devant le refus de concours de la chambre » des députés en opérant un tel changement dans » la composition de son ministère; ni l'intérêt du » pays, qui n'y prendrait aucune confiance, n'y » voyant qu'une combinaison fallacieuse et éphé- » mère d'intérêts personnels, sans aucun principe » commun, sans aucune chance de durée; que rien » ne pourrait donc le porter à faire un semblable » sacrifice, et que pour ne pas lui laisser le moindre » doute sur sa ferme résolution de ne jamais y con- » sentir, il lui annonçait, le priant d'en prévenir le » roi, qu'il quitterait Paris le lundi de Pâques sans » même attendre que sa famille pût l'accompagner. »

M. le prince de Polignac se retira, paraissant s'être attendu à ce refus et en prendre volontiers son parti.

M. de Chabrol vint ensuite, mais comme, en qualité d'ancien collègue, il connaissait mieux M. de Villèle, il lui fit, sans insister, la proposition de venir à leur aide, proposition qu'il savait bien devoir être jugée comme une tentative faite sans espoir ni désir de réussir. Il reçut la même réponse que M. de Polignac.

Après un dîner que M. de Villèle avait accepté chez M. Olivier, ancien député de la Seine et pair de France, où se trouvaient un certain nombre de leurs amis politiques, M. de Peyronnet souleva la question de l'entrée de M. de Villèle au ministère et chercha à établir qu'il ne devait pas balancer à accepter, sa persistance dans son refus devant être fatale au roi et aux plus grands intérêts du pays.

M. de Villèle prit la parole et, réfutant M. de Peyronnet, il démontra que le talent et le courage ne pouvaient servir, quand on entrait dans une mauvaise combinaison; que dans une pareille position, il y avait impuissance à faire le bien; que l'on courait le risque de se perdre et de perdre avec soi le pays.

Tous les royalistes présents, un seul excepté, se rangèrent à l'opinion de M. de Villèle, et tous furent convaincus, d'après ce qui s'était passé, que M. de Peyronnet, bien qu'il n'eût pu entraîner M. de Villèle à faire partie du ministère, était bien décidé pour son compte à y entrer, à la condition que le portefeuille de l'intérieur serait enlevé à M. de Montbel pour lui être confié.

M. de Villèle, instruit du fait par M. de Montbel lui-même, lui donna le conseil de se retirer plutôt que de consentir à un pareil arrangement, l'importance que l'on mettait à le réaliser annonçant, selon M. de Villèle, le parti pris de se livrer à des coups d'État, jeu périlleux qui ne convenait ni aux principes politiques, ni au caractère de M. de Montbel.

De retour à Toulouse, M. de Villèle, attristé jusqu'au fond de l'âme de tout ce qu'il avait vu et entendu pendant son séjour à Paris, disait à ses amis qui l'interrogeaient sur la position : « C'est une place minée dans tous les sens que la moindre étincelle fera sauter. »

Il écrivait à madame de Villèle restée à Paris près de sa fille :

« Que ce ne soit pas la session qui influe sur l'é-
» poque de votre retour : à la tournure que je vois
» prendre aux choses, je ne mettrai certainement
» pas les pieds à Paris. Je n'avais que deux leviers
» avec lesquels j'ai été et je pouvais être de quelque
» utilité : la confiance des royalistes et celle du roi.
» Les premiers sont en décomposition ; le roi s'est
» livré à ceux qui nous ont fait le plus de mal, et
» ses faveurs répandues sur eux amènent dans nos
» rangs de nouvelles défections ; je serais bien dupe
» dans une telle situation d'aller sacrifier et mes
» goûts et ma santé dans des voyages inutiles et
» me placer en fausse position ; je n'en ai qu'une
» d'honorable dans de telles circonstances, elle est
» ici, et j'y resterai. »

La crise approchait.

MM. de Chabrol et Courvoisier se retirèrent du ministère. M. de Montbel voulut aussi remettre son portefeuille, mais l'appel fait par le roi à son dévouement, la pression que l'on exerça sur un cœur aussi bon, aussi loyal que le sien, le fit céder après d'inutiles efforts pour se dégager. M. de Polignac avait compris que cette retraite simultanée produirait le plus funeste effet pour le ministère.

M. de Villèle écrivait le 19 mai « qu'il ne » pouvait dissimuler sa profonde conviction que » l'on marchait à une débâcle dans laquelle per» sonne ne conserverait les moyens de nous re» mettre à flot, etc., etc. »

M. de Villèle écrivait encore quelques jours avant les ordonnances de juillet :

« Quant à MM. de Polignac et de Peyronnet, soit » qu'il entre dans leurs vues de me faire de nou» velles offres que je refuserais, et avec lesquelles » ils espéreraient me nuire auprès du roi et dans » l'opinion, soit qu'ils se bornent à prendre d'autres » garanties contre mon retour qu'ils sont bien bons » de redouter, ils me servent selon mon goût et » travaillent à mon bonheur en croyant me des» servir. Tout cela au reste importe peu, mais ce » qui est déplorable, c'est que, conduit par deux » têtes de cette espèce, ce malheureux prince va être » entraîné selon toute probabilité et le pays avec lui » dans des coups d'État mal préparés, mal conçus, » mal reçus et mal soutenus, et qu'il y a de quoi com» promettre la légitimité, notre honneur et notre salut.

» C'est ainsi que, pour provoquer une adresse » hostile de la part de la dernière chambre, ils

» ont terminé le discours du roi par une bravade ;
» c'est ainsi qu'au lieu de chercher dans la tenue
» de la dernière session un moyen de ramener la
» chambre et d'obtenir d'elle un budget, ou de la
» faire se déclarer tellement factieuse que les élec-
» teurs ne l'eussent pas renommée, ils l'ont ajour-
» née pour perdre du temps, cassée ensuite trop tôt à
» leur gré, mais trop tard en effet pour qu'elle ne re-
» vînt pas. C'est ainsi qu'après sa dissolution et comme
» pour indisposer encore davantage les colléges
» électoraux, ils ont ajourné tant d'élections, sans
» autre profit que celui d'offrir à l'ennemi le moyen
» de renommer ceux des siens qui auraient suc-
» combé dans leurs colléges; ce sera ainsi qu'ils
» produiront leur insuffisance et l'antipathie qu'ils
» inspirent à la chambre qui va se réunir, afin qu'on
» n'en puisse rien tirer, et qu'ils la feront dissoudre,
» suspendront la presse et feront des élections par
» ordonnance, ce qui ne devrait être fait qu'autant
» que tous les autres moyens auraient été loyalement
» et sincèrement tentés, qu'autant que ce serait l'es-
» prit de faction, et non l'esprit d'intrigue, qui y
» obligerait, qu'autant que par une conduite sage on
» aurait mis tous les gens modérés de son côté, au lieu
» de les aliéner par des bravades. Il arrivera que
» le jour où la royauté acculée voudra dominer la
» presse, la magistrature se refusera à la seconder,
» et les voies administratives seront insuffisantes

» pour la comprimer. Quand on voudra réélire une » autre chambre avec les grands colléges, par exem- » ple, les électeurs n'oseront pas s'y rendre, et l'an- » cienne chambre prétendra exister et jouir seule » de la légalité, l'opinion publique soutiendra de » son omnipotence ces diverses prétentions. On aura » usé et brisé la dernière ressource de l'ordre et de » la royauté. Voilà, ce me semble, la vérité sur la » situation. »

Faire connaître les appréciations et les prévisions trop bien justifiées de M. de Villèle, ce n'est pas rejeter sur un roi malheureux la responsabilité de la catastrophe qui vint, peu de jours après, le condamner à l'exil et lancer de nouveau la France dans la carrière des révolutions; mais l'équité demande que chacun de ses conseillers ait dans l'histoire la part de responsabilité qui lui revient.

Charles X n'a point rendu les ordonnances de juillet, comme l'a prétendu M. de Sémonville dans sa déposition à la chambre des pairs, « d'après un système de résolution personnelle, ancienne, profonde, résultat de ses convictions politiques et religieuses. » La tentative des ordonnances doit bien plutôt être imputée à l'embarras de la situation, à l'incapacité gouvernementale, à l'influence d'un favori. Charles X, on ne le sait que trop, donnait accès à des hommes fort dévoués peut-être, mais nullement à la hauteur du rôle politique qu'ils prétendaient remplir : tristes vérités démontrées par les événements après la retraite du ministère que son frère lui avait légué et que des intrigues de cour le portèrent à sacrifier à la chambre nommée, en 1827, par la coalition des défectionnaires et des libéraux. Ce ministère éloigné, on persuada au roi qu'après avoir essayé, sous M. de Martignac, du système des concessions, il ne lui restait plus d'autre ressource que les coups d'État. C'est sans doute à cet ordre d'idées qu'il faut attribuer le propos répété plusieurs fois par lui pendant la durée du ministère Polignac : « *Villèle m'est trop précieux pour* » *que je le commette en ce moment.* »

Les événements ont montré qu'il eût mieux valu avoir recours dès lors à celui qu'on jugeait aussi favorablement.

Quelle qu'ait été dans l'exil la résignation chrétienne de Charles X, il est impossible qu'il ne se soit pas plus d'une fois rappelé les conseils et les prévisions de madame la Dauphine lui disant en 1827 : *En abandonnant M. de Villèle, vous descendez la première marche de votre trône.*

Après la révolution de 1830, M. de Villèle ne sortit plus de la retraite que lui imposaient ses convictions politiques, il y déplorait dans l'intimité les malheurs qu'il voyait s'amonceler sur la France.

Il reprit ses occupations agricoles et vécut de

cette vie de famille qui avait toujours eu pour lui tant de prix. Ses loisirs furent employés à coordonner les documents divers que sa longue carrière politique l'avait mis à même de recueillir.

M. de Villèle a laissé les détails les plus circonstanciés sur l'origine patrimoniale de sa fortune et sur celle qui lui est advenue par son mariage. On voit dans ses notes que, malgré les instances réitérées qui lui furent faites à ce sujet, M. de Villèle ne consentit pas à recevoir de traitement pendant son ministère sans portefeuille, et qu'ainsi que M. Corbière, il refusa les vingt-cinq mille francs de frais d'installation, alloués à cette époque aux ministres à leur entrée en fonctions. M. de Villèle refusa également le supplément de cinquante mille francs de traitement comme président du conseil des ministres, et il renonça en 1830 à la pension de ministre d'État inscrite au grand livre que Charles X avait jugé à propos de lui assigner lors de sa sortie du ministère.

De douloureuses infirmités ont affligé les dernières années de la vie de M. de Villèle. Il est mort à Toulouse le 13 mars 1854, entouré de la considération, du respect et de l'estime de ses concitoyens, et l'on peut dire emportant les regrets de tous les gens de bien.

M. le comte de Chambord, en exprimant les regrets que lui inspirait la perte d'un serviteur si dévoué de sa famille, a bien voulu lui rendre ce précieux témoignage :

« Après avoir rempli avec un éclat et une supé-
» riorité incontestables les fonctions importantes
» auxquelles l'avait appelé la juste confiance des
» rois Louis XVIII et Charles X, il a su quitter di-
» gnement les affaires, fidèle aux convictions et
» aux sentiments de sa vie entière, faisant des
» vœux pour la prospérité du pays qu'il avait si
» noblement servi, et toujours disposé à donner
» dans l'occasion, quand on les lui demandait, les
» conseils de sa haute raison et de sa longue expé-
» rience. »

ANNEXES.

ANNEXES.

Note (1), page 8.

Extrait des observations sur le projet de constitution adressées à MM. les députés du département de la Haute-Garonne au Corps législatif par M. Joseph de Villèle, membre du conseil général du département.

Toulouse, le 20 mai 1814.

Messieurs,

Par sa déclaration du 2 de ce mois, le roi vous a convoqués pour mettre sous vos yeux un projet de constitution; permettez que, comme membre d'un corps dont les observations seront écoutées, un de vos commettants, un ami de son pays et de son roi, vous adresse les siennes sur une œuvre qui importe tant au bonheur de tous.

Les fatales imprudences de l'Assemblée constituante, les crimes de la Législative et de la Convention, l'avilissement dans lequel ont été jetés les conseils sous le Directoire et le sénat sous Bonaparte, n'ont pas dû inspirer à la France un grand intérêt pour la conservation du gouvernement représentatif. Si nous considérons le nouveau système sous lequel la constitution projetée nous le présente, nous aurons de la peine à concevoir comment, après vingt-cinq années de malheurs et de fautes, lorsque les grands talents n'ont servi qu'à produire de grands maux, le pouvoir qu'à assurer le triomphe de l'erreur et de l'injustice; lorsqu'une coûteuse expérience a frappé de réprobation tout ce qui a été fait durant cette longue période, et que si peu de réputations ont pu la traverser sans tache; nous aurons, dis-je, de la peine à concevoir comment on pourra parvenir à composer d'une manière satisfaisante cette chambre haute de France, si importante dans l'État, par le rang, les priviléges et les fonctions que la constitution lui destine.

Où trouver ces hommes qu'il faut que nous consentions à voir élever, eux et leurs enfants, à perpétuité, si fort au-dessus de nous et des nôtres; ces hommes que le peuple doit apercevoir à peine sur les marches du trône, par la distance immense qui sera entre eux et lui; ces hommes qui par leur fidélité éprouvée doivent s'être rendus dignes de devenir les plus fermes appuis du trône; ces hommes enfin qui par leurs richesses, leurs talents, leurs services et leur considération, doivent écraser les anciens ordres de l'État qu'ils sont appelés à remplacer dans cette nouvelle balance politique? S'ils n'existent point dans ce corps indiqué seul pour les fournir, s'ils ne peuvent remplir, soit envers le souverain, soit envers l'État, les conditions essentielles à leur institution; si la prudence oblige le roi à les surveiller au lieu de se confier à eux; si le sentiment et la mémoire ne commandent point au peuple la considération dont il est indispensable qu'ils soient investis, la lassitude générale permettra peut-être de faire marcher quelque temps cette œuvre d'égoïsme et d'imprévoyance; mais au premier choc tout croulera, et nous rentrerons en révolution.

La chambre des députés des départements sera sans doute plus facile à composer dans l'esprit de son institution; il sera également possible de calculer son organisation d'après le mode qui présentera le moins de dangers...

« L'impôt sera librement consenti; la liberté publique et » individuelle, celle de la presse et des cultes garantie. »

Combien de mois se sont écoulés depuis que le sénat a pompeusement renouvelé ses commissions de la liberté individuelle et de la presse! sous quel joug de fer gémissions-nous pourtant alors! et l'on voudrait que nous fussions encore les dupes de ces jongleries politiques! S'il faut des garanties, s'il faut soumettre le vote des impôts à quelque formalité, s'il est bon qu'on puisse appeler à quelque autre qu'au roi des actes arbitraires commis en son nom, cherchons dans nos anciennes institutions des moyens d'atteindre ce but d'une manière plus conforme à l'expérience, à l'esprit et aux habitudes nationales. Reconnaissons que les anciennes garanties des Français les ont protégés pendant des siècles, et que les nouvelles ont abandonné nos personnes et nos fortunes à l'arbitraire le plus épouvantable; ce n'est que depuis que la liberté publique et individuelle a été solennellement proclamée que nous avons parcouru la série de tous les genres d'esclavage. Jamais l'inquisition, tant politique que religieuse, n'a comprimé si complétement la nation que depuis qu'on s'est occupé de donner des garanties à la liberté de la presse et à celle des cultes.

« Les propriétés seront inviolables et sacrées; la vente des » biens nationaux est irrévocable. »

Si le législateur, après avoir déclaré que les propriétés seraient inviolables et sacrées, a cru devoir ajouter que la vente des biens nationaux resterait irrévocable, il faut que la première partie de la déclaration n'ait pas renfermé la seconde; il faut que dans l'État il y ait des biens moins propres à ceux qui les possèdent que d'autres; il faut qu'il y existe des propriétaires qui ont besoin pour assurer leur jouissance de déclarations particulières de l'autorité; tranchons le mot, il faut qu'il y ait en France des propriétés que la conscience, le droit et l'opinion repoussent hors du rang de celles dont les lois générales garantissent l'inviolabilité.

En effet, si les propriétés sont inviolables et sacrées, les particuliers dépossédés ont au moins le droit de faire valoir contre les possesseurs actuels de leurs biens la violation des principes établis par les lois elles-mêmes, en vertu desquelles on les en a dépouillés; ils peuvent encore se prévaloir contre eux des lois de lésion, par lesquelles la plupart de ces acquéreurs seraient justement atteints et forcés à rembourser le complément de la valeur réelle des biens dont ils jouissent à si bon marché depuis tant de temps. La durée seule de la révolution a pu empêcher l'exercice de ces droits; ils sont imprescriptibles.

Une exception à l'inviolabilité des propriétés, une suspension du bénéfice des lois pour quelques individus, une mesure révolutionnaire enfin, car il faut nommer les choses par leur nom, est donc indispensable pour assurer l'entière et paisible possession des propriétaires actuels des biens nationaux.

Il résulte nécessairement de ce qui vient d'être établi que faire de l'irrévocabilité de la vente des biens nationaux un article fondamental de notre constitution, c'est bien réellement consacrer une injustice; c'est maintenir une mesure révolutionnaire; c'est conserver des germes dangereux de division entre les Français; c'est intéresser une partie essentielle et influente de la population au renversement de cette constitution ; c'est faire plus encore, c'est porter la profanation jusque dans le lieu saint ; c'est forcer la vertu à recevoir sa part des dépouilles de l'innocent. Une partie des biens nationaux n'a pas été vendue, elle est restée ou doit rentrer à la disposition du roi, et l'on voudrait... je n'achèverai point. Mais revenons aux principes : tenons-nous pour assurés que rien n'est durable que ce qui est juste; que toutes les institutions immorales non-seulement s'écroulent, mais encore entraînent la chute de l'édifice politique auquel elles tiennent. Ne nous abusons pas sur le véritable état de la question qui nous occupe ; ne voyons pas toute la France intéressée à la cause de l'injustice ; s'il y a des possesseurs, il y a des dépossédés, et la masse, qui n'est ni des uns ni des autres, est du parti de la justice *. S'il est dur de rendre, il est doux aussi de posséder légitimement ; et quel est l'acquéreur qui ne consentira point à entrer en composition avec l'ancien propriétaire, sur des bases telles qu'une jouissance de plus de vingt ans et que la rentrée de tous ses déboursés lui soient assurées ? Quel est le propriétaire dépossédé qui ne consente à ce prix à rentrer dans l'héritage de ses pères, ou à recevoir de l'acquéreur une indemnité équivalente pour ratifier sa vente? Déjà, sans l'annonce de cet article constitutionnel, la seule arrivée du roi eût fait opérer un nombre infini de ces transactions ; eh ! qui pourrait se refuser à reconnaître que la réussite de ces accommodements est le vœu le plus moral et le plus favora-

* Porté, dès le commencement de la révolution, par les devoirs de l'état que j'avais embrassé, à quatre mille lieues de mon pays, j'ai été vingt ans absent. Quoique j'occupasse un poste marquant à la tête de l'administration d'une de nos colonies, lorsqu'elle fut forcée de faire scission avec la métropole pour éviter un sort pareil à celui de Saint-Domingue, les domaines de ma famille en France n'ont point été vendus, et je n'ai aucun intérêt personnel, soit direct, soit indirect, aux lois sur les biens nationaux.

ble à son pays que tout bon Français puisse former? Ne faisons rien du moins pour empêcher qu'il se réalise; laissons aux particuliers la liberté de faire valoir leurs droits; laissons aux tribunaux la faculté de régler, suivant les lois et leurs consciences, les différends qui pourraient s'élever entre les moins raisonnables. Quand nous proclamons l'oubli du passé, n'adoptons point des mesures propres à en perpétuer le souvenir; gardons-nous de déclarer irrévocable une dépossession injuste, car l'opprimé fera appel à Dieu et au temps de la déclaration et de l'injustice, et tôt ou tard l'une et l'autre seront détruites...

Si nous ne voulons aujourd'hui, comme cet insensé d'hier, bâtir sur le sable et prolonger encore sous un nouvel acte constitutionnel la durée de nos maux, c'est donc dans le cœur des Français, c'est dans l'opinion publique de la France qu'il faut chercher la constitution, qui seule peut faire notre bonheur et avoir de la stabilité.

N'ont-ils pas fait assez d'essais sur nous, ces hommes à expériences constitutionnelles, par lesquels nous nous sommes laissé diriger trop longtemps? n'avons-nous pas sacrifié au soutien des funestes idées de ces empiriques assez de richesses et de générations? Qu'est-il résulté de leur science et de la confiance que nous avons eue en leurs promesses? La dévastation du monde et l'envahissement de notre propre patrie! les institutions politiques ne se jettent point au moule et ne peuvent être fondées sur la théorie; nous en avons fait une assez longue expérience. Revenons à la constitution de nos pères, à celle qui rendit la France heureuse et florissante si longtemps, à celle qui est conforme à notre caractère national, qui est dans le sens de nos opinions, qui est gravée en traits ineffaçables dans le cœur de tous les Français; les parties de notre ancienne organisation qui ont souffert nous coûteront moins à réparer que les nouvelles institutions ne coûteraient à établir; l'opinion publique et l'expérience commandent la première de ces mesures, et se réunissent pour faire rejeter les autres.

J[h] DE VILLÈLE,
Membre du conseil général du département.

A Toulouse, chez A. Manavit, imprimeur-libraire.

Note (2), page 23.

Extrait du second rapport sur la loi des élections fait à la chambre des députés, par M. de Villèle, dans la séance du 16 février 1816.

Tous vos bureaux ont voté, Messieurs, contre le système des électeurs de droit présenté par les ministres; ils ont pensé que la réalité du gouvernement représentatif et la jouissance des avantages qu'il présente dépendaient absolument de la libre élection des députés appelés à concourir, au nom des départements, au vote des impôts et à l'exercice du pouvoir législatif. En effet, Messieurs, pour que la chambre des députés puisse remplir dignement la place que lui a assignée la Charte, pour que les élections servent, comme l'a dit Sa Majesté dans son ordonnance du 13 juillet, d'expression à l'opinion de ses peuples, n'est-il pas indispensable qu'elles soient le plus possible le résultat de cette opinion, et le concours de tous les citoyens qui jouissent d'un état et d'une fortune indépendante n'est-il pas nécessaire pour nommer les électeurs qui doivent choisir les députés chargés de l'exprimer?

Sans doute un trop grand nombre d'expériences funestes a pour toujours éloigné de nous le prestige des vaines théories d'une liberté dont nous n'avons réellement joui que sous le gouvernement paternel de nos rois; mais nous pensons que ce serait tomber dans une erreur dangereuse que de conclure de cet éloignement, fruit de l'expérience et du retour aux idées saines, que les Français renonceraient sans peine à l'exercice réel des droits politiques que la Charte leur a assurés; ils les considèrent avec raison comme le dédommagement nécessaire des garanties que trouvaient autrefois leurs intérêts et leurs franchises dans les institutions monarchiques renversées par la révolution.

Guidée par ce principe et éclairée de tout ce que la discussion qui a déjà eu lieu dans vos bureaux lui a fourni de lumières, votre commission vous propose de maintenir le mode d'élection par assemblées cantonales, usité jusqu'à ce jour en soumettant le droit de voter dans ces assemblées à la condition du payement d'une cote contributive en rapport avec celle qui est exigée par la Charte pour les électeurs du collége électoral de département.

Un seul point reste à décider dans l'application de ce mode, c'est la fixation de la cote contributive et de l'âge nécessaire pour être admis au droit de voter dans les assemblées cantonales; votre commission ne peut avoir une opinion déterminée sur cette importante question, qu'il vous convient mieux qu'à elle de décider et qui ne peut être résolue qu'en conséquence de votre délibération ; elle a cru néanmoins ne pouvoir se dispenser de fixer, dans son projet, une quotité provisoire, et elle s'est arrêtée à vous proposer d'admettre au droit de voter dans les assemblées cantonales tous les citoyens payant au moins 50 fr. de contributions directes et âgés de vingt-cinq ans accomplis.

On avait aussi présenté le mode de l'élection directe et par un seul degré; suivant ce système, on aurait réuni dans chaque arrondissement tous les citoyens payant 300 fr. de contributions, etc., etc. Ce serait supposer à la France plus d'indifférence qu'elle n'en a et ne doit en avoir sur l'exercice du plus précieux de ses droits, que de croire pouvoir ainsi dispenser au hasard l'élection des députés, sans autre base que celle d'une division territoriale arbitraire et sans aucun égard à la population et aux contributions, qui doivent toujours être les indicateurs du nombre des députés à élire, puisque ces deux données sont prises dans les intérêts qu'ils sont plus particulièrement appelés à défendre.

Nous avons dit que ce mode d'élection, outre l'injustice de répartition que nous venons de montrer, renfermait encore d'autres vices qui le rendaient inadmissible. En effet, Messieurs, seraient-ils bien les députés des départements et exprimeraient-ils bien réellement l'opinion de la France, ceux à la nomination desquels n'aurait concouru qu'un aussi petit nombre de citoyens? cette espèce de privilége exclusif, accordé aux contribuables payant 300 fr. d'impositions indirectes, est-il dans nos mœurs actuelles, est-il d'accord avec le système de gouvernement représentatif que nous sommes appelés à consolider par la loi qui vous est soumise en ce moment?

Il a paru au contraire à votre commission que plus sera grand le nombre des Français qui participeront à la nomination des députés, plus la chambre sera ce qu'elle doit être pour remplir la place qui lui est assignée par la Charte, mieux elle portera au roi la véritable expression de l'opinion publique, et plus elle exercera sur la France entière l'influence qui lui est nécessaire pour seconder les vues du gouvernement et faciliter les sacrifices commandés par l'intérêt de l'État.

Des élections directes porteraient d'ailleurs bientôt chez

nous, avec plus de danger peut-être que chez nos voisins, cette vénalité corruptrice qui force les députés à revendre ce qu'ils ont chèrement acheté, et n'aurait même pas en France le faible dédommagement du patronage que nous croyons avoir conservé dans notre système, en admettant au droit de voter ceux à qui il peut encore être utile.

On a parlé vaguement d'un projet d'élection d'après lequel les divers états qui constituent la société seraient réunis en corps ou corporations pour émettre leur vote, et nommer en proportion de leurs droits (toujours fondés sans doute sur leur part de propriété ou de population, car nous ne saurions admettre d'autres bases) le nombre de députés qu'ils auraient à élire; nous appellerons de tous nos vœux les institutions qui pourront ramener dans notre malheureuse patrie la stabilité du gouvernement, le premier garant de toutes les stabilités, de la sécurité, de la fortune, de l'existence de tous les citoyens. Mais nous ne pouvons employer des matériaux qui n'existent point; le temps seul peut recréer les institutions....

Votre commission a cru devoir vous proposer de substituer à l'art. 22 du projet de loi des ministres, qui porte *que les députés ne reçoivent aucun traitement*, celui-ci: Les députés de la chambre *actuelle* ne reçoivent aucun traitement. Étrangers à tout intérêt personnel dans cette question, puisqu'ils ne veulent aucun traitement pour eux, les membres de la chambre actuelle pourraient sans doute traiter avec plus d'avantage que toute autre législature la question de savoir s'il est utile à l'établissement de notre système représentatif que les membres de la chambre des députés puissent réclamer une indemnité de route et de présence aux sessions.

Votre commission s'est convaincue, dans l'examen de cette question, qu'ôter aux députés sans fortune le droit de réclamer le remboursement des frais qu'ils auraient faits pour remplir les conditions d'éligibilité exigées par la Charte, c'était exclure évidemment tous ceux qui ne payeraient que 1,000 et 2,000 fr. de contributions, puisque avec la fortune que cette cote contributive suppose, il est impossible de pouvoir faire les sacrifices pécuniaires nécessités par l'exercice des fonctions de député, pendant cinq ans, sans indemnité.

Votre commission a dû voir encore dans cette disposition, le danger, pour les départements éloignés de la capitale, d'être forcés de choisir plus particulièrement parmi ceux qui l'habitent, que parmi leurs propres concitoyens, les députés chargés de défendre leurs intérêts; enfin, elle a cru voir dans l'art. 22 le germe non prévu, mais possible, d'une corruption des membres de la chambre qui ferait bientôt perdre au roi et à la France tout l'avantage qu'ils doivent retirer d'une chambre des députés indépendante.

C'est par tous ces motifs que votre commission s'est déterminée à vous proposer le changement indiqué par l'art. 19 de son projet, l'art. 22 du projet des ministres lui ayant paru contenir une disposition qu'elle ne devait pas consacrer pour une autre chambre....

Dans la séance du 29 février, page 233 du Moniteur, *M. de Villèle prit encore la parole en sa qualité de rapporteur pour résumer la discussion, il s'exprima ainsi :*

« Le projet de loi présenté par les ministres de Sa Majesté est basé sur un système que vous avez tous rejeté dans vos bureaux ; votre commission vous a proposé de lui substituer le système suivi dans votre pays depuis quatorze ans, celui qui existe encore, puisque aucune loi ne l'a abrogé ; celui qui a servi à la formation des colléges électoraux qui vous ont nommés vous-mêmes. Pénétrée de l'impossibilité de créer un meilleur système électoral dans la situation actuelle de la France, votre commission eût cédé davantage encore à l'éloignement, qui est dans ses principes, pour toute innovation, elle vous eût proposé de conserver provisoirement les colléges électoraux actuellement existants, si la réduction du nombre des membres qui doivent les composer et la crainte des adjonctions arbitraires qui pourraient y être faites pour les compléter, ne l'avaient convaincue de l'impossibilité de concilier cette opinion avec la prévoyance des dangers possibles auxquels son adoption laisserait exposé notre pays.... »

Note (3), page 25.

Principales dispositions de la loi électorale votée le 6 *mars* 1816 *par la chambre des députés*, page 260 du *Moniteur*.

TITRE Ier.

Art. 1er. Il y a une assemblée électorale dans chaque arrondissement; elle peut être divisée en autant d'assemblées de section que le roi juge convenable pour faciliter les opérations de l'assemblée électorale. Chaque assemblée de section procède isolément et définitivement aux opérations qui lui sont attribuées.

Art. 2. L'assemblée électorale d'arrondissement se compose de tous les citoyens ayant leur domicile politique dans l'arrondissement, âgés de vingt-cinq ans accomplis et payant au moins 50 fr. de contribution directe.

Art. 6. Les assemblées électorales nomment les électeurs de département, et présentent à la nomination du roi les candidats pour le conseil d'arrondissement; le nombre d'électeurs que nomme et le nombre de candidats que présente chaque assemblée sectionnaire est réglé en raison de la population de la section et de ses contributions directes.

TITRE II.

Art. 7. Le nombre des électeurs composant les colléges électoraux ne peut excéder 300, ni être au-dessous de 150. Il est déterminé par le nombre de députés que le département a le droit d'élire....

Art. 9. Seront électeurs de droit du collége de département les citoyens les plus imposés, domiciliés dans les départements, jusqu'à concurrence du tiers des électeurs voulu par la loi.

Art. 11. Le roi adjuge, s'il le juge convenable, à chaque collége électoral de département un nombre d'électeurs égal au dixième du nombre total dont doit être composé le collége.

Art. 12. Les présidents des colléges électoraux de département sont nommés par le roi....

Art. 14. Les colléges électoraux de département nomment les députés à la chambre, et présentent à la nomination du roi les candidats pour le conseil général de département.

TITRE III.

Art. 15. Chaque département élit à la chambre des députés le nombre de députés déterminé dans le tableau annexé à l'ordonnance du roi du 22 juillet 1815.

Art. 16. Nul ne pourra, après la durée de la présente chambre, être élu membre de la chambre des députés, s'il n'est âgé de trente-cinq ans accomplis, ou si, étant marié ou veuf, il n'est âgé de trente ans, et s'il ne réunit toutes les autres conditions d'éligibilité exigées par la Charte.

Art. 19. Les députés sont élus pour cinq ans. La chambre est toujours renouvelée en totalité, soit au bout des cinq ans de son existence constitutionnelle, soit lorsque le roi use du droit qu'il a de la dissoudre.

Art. 21. Les députés ne reçoivent aucun traitement.

Note (4), page 32.

Projet de loi d'élection présenté à la chambre des députés le 5 avril.

Art. 1er. Les ordonnances des 13 et 21 juillet ont force de loi en tout ce qui est relatif à la composition des colléges électoraux, au mode et à la forme des élections, au nombre et à l'âge des députés.

Art. 2. Les colléges électoraux, tels qu'ils ont été convoqués par suite de ces ordonnances, seront maintenus sans nouvelles adjonctions jusqu'à ce qu'il ait été autrement statué par une loi.

Art. 3. Le présent projet sera présenté, en notre nom, à la chambre des députés.

Projet amendé adopté par la commission et par la chambre, le 10 avril.

Art. 1er. Les ordonnances des 13 et 21 juillet ont force de loi provisoirement dans toutes leurs dispositions.

Art. 2. Les colléges électoraux tels qu'ils ont été convoqués par suite de ces ordonnances seront maintenus sans nouvelles adjonctions jusqu'à ce qu'il ait été statué sur une loi définitive d'élection qui sera proposée dans la session de 1816.

Ils ne pourront être appelés à aucune autre élection qu'à celles qui seraient nécessaires par une dissolution de la chambre, en vertu de l'art. 50 de la Charte.

Note (5), page 33.

Principales dispositions de la loi d'élection du 3 février.

Art. 1er. Tout Français jouissant des droits civils et politiques âgé de trente ans accomplis et payant 300 fr. de contributions directes est appelé à concourir à l'élection des députés du département où il a son domicile politique.

Art. 7. Il n'y a dans chaque département qu'un seul collége électoral. Il est composé de tous les électeurs du département, dont il nomme directement les députés à la chambre.

Note (6), page 37.

Ordonnance du roi du 5 septembre.

LOUIS, etc.

Depuis notre retour dans nos États, chaque jour nous a démontré cette vérité proclamée par nous dans une occasion solennelle, qu'à côté de l'avantage d'améliorer est le danger d'innover. Nous nous sommes convaincu que les besoins et les vœux de nos sujets se réunissaient pour conserver intacte la Charte constitutionnelle, base du droit public, en France, et garantie du repos général; nous avons en conséquence jugé nécessaire de réduire la chambre des députés au nombre déterminé par la Charte, et de n'y appeler que des hommes de l'âge de quarante ans. Mais pour opérer légalement cette réduction, il est indispensable de convoquer de nouveaux colléges électoraux, afin de procéder à l'élection d'une nouvelle chambre des députés.

A ces causes, nos ministres entendus, nous avons ordonné et ordonnons ce qui suit :

Art. 1er. Aucun des articles de la Charte constitutionnelle ne sera revisé.

Art. 2. La chambre des députés est dissoute.

Note (7), page 37.

Extrait du discours prononcé à la chambre des députés par M. de Villèle dans la discussion du budget de 1817.

Je le déclare, Messieurs, je pense que des réductions sévères dans nos dépenses intérieures, la négociation d'une modération indispensable dans nos charges extérieures, peuvent seulement nous permettre d'adopter, en réduisant le crédit demandé à 20 millions de rentes, le budget qui vous est présenté.

Je propose en conséquence à la chambre de supplier le roi, par une très-humble adresse, de vouloir bien faire négocier auprès des puissances étrangères la diminution des corps d'occupation, dont le calme qui règne en France rend la force inutile, et l'exagération de nos charges la dépense impossible à supporter en entier plus longtemps.

Je demande que la chambre réduise les budgets des divers ministères de toutes les sommes dont j'ai indiqué la dépense comme pouvant être supprimée sans compromettre le service public, et qu'en conséquence, elle ne porte le crédit ouvert au ministère qu'à 20 millions de rente dont la négociation, si elle est traitée avec des compagnies, devra être présentée à l'enregistrement dans les chambres.

Je fais en outre les propositions secondaires suivantes :

Que l'arriéré soit définitivement connu et fixé, qu'il soit pris des moyens pour que les propositions qui vous sont faites à cet égard ne puissent plus être éludées;

Que la partie de ces créances qui doit être exceptée du mode de remboursement général soit fixée irrévocablement dès cette année, ainsi que le mode selon lequel elle sera particulièrement acquittée;

Qu'une liquidation générale des effets émis par les diverses caisses soit définitivement opérée dans le courant de cette année, afin que le mode ruineux d'anticiper toutes les recettes ne fournisse plus à l'agiotage les moyens de corrompre et d'entraver notre service public, aux ministres la facilité d'outre-passer leurs crédits contre tous les principes sur lesquels repose le gouvernement représentatif; enfin, pour soulager notre trésor public d'une dépense déplorable de 13 millions employés à faire de mauvaises affaires.

Je demande en outre qu'à l'avenir tous les directeurs généraux fournissent des états détaillés des dépenses de leurs diverses administrations, le compte brut de tous les impôts indirects qu'ils perçoivent, et l'état détaillé de leurs frais de perception;

Qu'il soit déterminé par un article exprès du budget, que les gratifications abusives et arbitraires que l'on est dans l'usage d'accorder dans diverses administrations ne pourront excéder 1,000 fr.; que le titre qui accordera la gratification soit motivé et soumis à l'approbation du ministre.

Je demande enfin que le maximum des sommes que le même individu pourra toucher à différents titres du trésor ou de quelque caisse publique que ce soit ne puisse jamais excéder 40,000 fr.; les ministres, maréchaux de France et ambassadeurs étant seuls exceptés de cette mesure.

Ce n'est que par l'adoption de ces dispositions ou de celles du même genre qui nous seraient offertes que nous pourrons satisfaire à nos charges ordinaires ainsi réduites, à nos charges extraordinaires dont cet acte de sagesse contribuera aussi à faire opérer la réduction de la part des puissances alliées, au payement successif et intégral de nos arriérés. Enfin, ce n'est que par l'économie que nous obtiendrons le crédit dont on nous parle tant depuis 1814, sans pouvoir jamais l'obtenir, parce qu'on le vend fort cher à ceux qui se ruinent et qu'on se trouve heureux de prêter à ceux qui font sagement leurs affaires.

Je voterai l'adoption ou le rejet de cette loi, suivant que les modifications qui seront apportées par la discussion au plan de finances sur lequel elle est fondée me paraîtront plus ou moins propres à garantir son utilité et sa réussite.

Note (8), page 42.

Extrait du discours prononcé par M. de Villèle dans la discussion du budget de 1818, page 422 du *Moniteur*.

Messieurs, c'est une belle et noble tâche pour les députés de la France que d'avoir à prononcer sur l'emploi des deniers publics pour l'année dont on leur rend compte, et à voter les fonds réclamés par les besoins du service de l'année qui se présente.

Ce bienfait est au nombre de ceux que la France doit à la restauration; car quelles dépenses ont été régulièrement examinées pendant nos troubles? quel budget a été librement voté et fidèlement exécuté en l'absence du roi légitime? Des milliards ont été levés sur la France et dilapidés sans utilité pour elle. On a fait la banqueroute des assignats, celle des rentes, celle des dettes des provinces, des villes, des corporations et des arriérés. Trois milliards de biens-fonds ont été aliénés, et leur produit dissipé. Le clergé, l'instruction publique, les hôpitaux, tous les établissements utiles au peuple ont été dépouillés; et c'est par des impôts péniblement levés sur lui qu'il faut aujourd'hui pourvoir à toutes ces dépenses.

Malgré ces dilapidations et les pertes irréparables d'une invasion générale, la France, en 1814, avait conservé les éléments de la prospérité ; mais le génie des révolutions opéra le 20 mars, et tous les maux qui marchent à sa suite vinrent fondre de nouveau sur notre malheureuse patrie; 1,500 millions lui furent imposés, et je ne contesterai pas l'évaluation donnée aux dégâts de l'invasion par un des préopinants qui a porté la totalité des pertes que cette tentative révolutionnaire nous a coûté à la somme énorme de trois milliards.

. . . .

Aux erreurs qui causeraient de nouvelles guerres et de nouvelles révolutions, opposons la nécessité de la paix et le besoin de repos sous un gouvernement stable :

L'intérêt des propriétaires, dont la contribution s'accroît en raison des frais de la guerre et des troubles civils ;

L'intérêt des capitalistes et des créanciers de l'État, auxquels la stabilité du gouvernement et la continuation de la paix peuvent seuls garantir l'acquittement de la dette publique ;

L'intérêt des commerçants, des manufacturiers et des marchands dont les caisses et les magasins offrent au maximum et à toutes les mesures familières aux tribuns du peuple autant de prise que les palais, les châteaux et les églises autrefois ;

Enfin l'intérêt de toutes les classes pauvres et laborieuses de la nation, qui n'ont du travail et des débouchés pour les produits de leur main d'œuvre qu'en proportion de la sécurité qu'inspirent la paix et la stabilité du gouvernement aux classes mieux traitées par la fortune.

Note (9), page 43.

Extrait de la discussion du budget, page 478 du *Moniteur*.

Messieurs, une inculpation grave, que je n'avais encore aperçue que dans les journaux étrangers, a été faite hier à votre commission, au sujet de l'article que nous discutons. On a dit qu'il tendait à appeler l'administration et le gouvernement dans la chambre, tendance déjà observée dans nos précédentes discussions. D'autres orateurs avaient voulu tirer le même parti de la demande que nous faisons dans l'intérêt des forains, de leur adjonction au conseil municipal, lorsqu'il serait appelé à consentir un impôt extraordinaire : parler dans un intérêt particulier a paru à ces orateurs parler contre l'intérêt général, contre l'intérêt de la commune. Ces assertions, les conséquences qu'on a prétendu en tirer, l'effet qu'elles auraient pu produire sur la chambre nécessitent une explication : je viens la donner, sur l'article que nous discutons.

Le vote des impôts n'a jamais été abandonné à l'administration, c'est-à-dire à celle qui les dépense ; il a toujours été confié plus ou moins directement, plus ou moins réellement à ceux qui les payent, aux contribuables.

L'article de la Charte qui déclare que nul impôt ne pourra être perçu, s'il n'a été consenti par les chambres, n'est pas seulement une garantie utile donnée aux contribuables contre l'exagération des impôts; il n'est pas non plus une garantie nouvelle pour nous, il n'est que l'application d'un principe constant de toutes nos constitutions, qu'un retour à la réalité de nos anciennes franchises, de nos plus précieuses libertés.

Si par cet article de la Charte on n'avait prétendu nous garantir que de l'exagération des impôts généraux, elle aurait pris d'autres moyens pour nous garantir de l'exagération des impôts particuliers; car les uns et les autres pèsent également sur le contribuable, et le centime général, le centime départemental, le centime communal le condamnent aux mêmes sacrifices, lui sont également à charge; il lui importe d'être aussi bien protégé contre l'exagération des uns que contre celle des autres.

Il y a plus; l'intérêt général de l'État est d'accord ici avec celui du contribuable. Si la commune, si le département exigent de lui des sacrifices trop considérables, il n'est plus en état de satisfaire à ceux qui lui sont demandés pour les dépenses générales de l'État.....

De nombreuses réclamations vous étaient parvenues contre l'exagération des impôts extraordinaires votés dans les communes.....

Pour autoriser la levée d'un impôt extraordinaire dans les petites communes, nous avons appelé les intéressés, les plus intéressés, le plus grand nombre d'intéressés que nous avons pu, sans annuler le conseil municipal par un nombre supérieur à celui de ses membres, à consentir eux-mêmes ou à repousser l'impôt extraordinaire qu'on leur demandait. Il n'y a rien là d'administratif, il n'y a rien là d'intérêt de localité ni d'intérêt général sacrifié. Il n'y a au contraire qu'un moyen naturel et simple de légaliser, par le consentement des intéressés, une levée qui ne pouvait l'être que par les chambres, selon le vœu de la Charte.

Tout cela nous a paru simple et découler naturellement du principe premier de nos institutions.....

Appelée à supporter les charges publiques sans prendre part à la répartition, la grande masse de la nation verra, nous l'espérons, d'un œil différent que les orateurs auxquels je réponds, les mesures proposées par la commission pour assurer la défense légale des intérêts des contribuables, pour conserver les garanties constitutionnelles dont la Charte nous a confié la défense.

Note (10), page 56.

Extrait de la discussion sur la censure, page 334 du *Moniteur.*

M. de Villèle. Vous venez d'entendre déclarer à cette tribune qu'il existait dans cette chambre un parti ennemi des libertés publiques, et l'orateur, en s'exprimant ainsi, se tournait de ce côté *; et quand nous avons demandé qu'il désignât parmi nous les ennemis des libertés publiques, il a dit que le

* M. de Villèle indique la droite.

ministère s'appuyait sur nous. Je déclare, Messieurs, que le ministère ne s'appuie pas sur nous, mais que nous appuyons le gouvernement du roi. Non, nous ne sommes pas les ennemis des libertés publiques; car c'est par elles que le trône doit s'affermir et que l'opinion doit cesser d'être égarée. Dans les circonstances difficiles où nous sommes, le roi a senti la nécessité d'une mesure extraordinaire et l'a proposée aux chambres. J'ai dit mon opinion personnelle sur de telles mesures ; j'ai dit que je n'en étais pas le partisan, que je n'avais point de confiance dans les résultats qu'on en espère ; mais quand le gouvernement, qui connaît la position réelle de l'État, les obstacles qu'il a à vaincre, les dangers qu'il a à prévenir; quand le gouvernement, dis-je, demande cette mesure, est-ce à moi à la juger? Puis-je la refuser sans me rendre responsable des effets funestes que pourrait avoir mon refus? Messieurs, je soutiens qu'il existe dans cette partie de la salle tout autant d'amour pour les libertés publiques que dans toutes les autres, et je ne puis souffrir que l'on m'accuse d'en être l'ennemi, quand je soutiens une mesure exceptionnelle et temporaire que le gouvernement juge indispensable.

Note (11), page 56.

Principales dispositions du project ministériel.

Chaque département avait un collége de département et des colléges d'arrondissement; chacun de ceux-ci élisait un nombre de candidats égal à celui des députés du département ; le collége de ce nom, composé des électeurs les plus imposés en nombre égal au cinquième de la liste générale, mais sans pouvoir être au-dessous de cent, ni supérieur à six cents, choisissait ensuite les députés sur la liste des candidats nommés par les colléges d'arrondissement; enfin, les électeurs dans les colléges des deux catégories devaient écrire publiquement leur bulletin sur le bureau du président.

La commission de la chambre fit un rapport favorable au projet et conclut à son adoption.

Note (12), page 56.

Discussion de la loi d'élection, page 684 du *Moniteur*.

M. DE VILLÈLE. Messieurs, on l'a senti, l'expérience avait tellement démontré les dangers de la loi du 5 février, que pour la défendre, il fallait lui chercher une origine supérieure à ses pouvoirs, il fallait prouver que, dussions-nous en périr, nous étions irrévocablement condamnés à la conserver.

. . . .

Or, dans le système actuel, c'est aux citoyens qui offrent le moins les garanties voulues par la Charte qu'on a livré la majorité dans les colléges électoraux; c'est aux habitants des villes, à l'exclusion des campagnes; c'est aux fortunes mobilières et industrielles, au préjudice des fortunes immobilières et territoriales; et comme pour donner plus de latitude à ces dangereuses dispositions, on a choisi le mode de réunir les colléges et de recueillir les votes le plus propre à favoriser l'intrigue, la domination des partis: faut-il s'étonner si nous apercevons tous les présages, si nous entendons toutes les menaces qui précèdent les révolutions?

L'élection directe vous mène tout droit au renversement inévitable de l'ordre établi. Vainement nous offrez-vous pour ressource le déplorable système des concessions; il a été tenté et n'a pas réussi. Voyez l'usage qu'on en a fait, et calculez où vous arriverez bientôt en suivant cette voie de faiblesse et de déception. Les gouvernements ne se sauvent pas, ils se perdent en cédant aux principes et aux doctrines qui sont incompatibles avec leur conservation. Vainement a-t-on différé, dans l'espoir de quelqu'effet salutaire du système de concession, d'employer le remède indiqué par la cause du mal; on n'a fait qu'atténuer son efficacité, qu'accroître les obstacles à son application.....

Dans un pays tourmenté durant trente ans par la plus terrible révolution, dans un pays où les confiscations avaient ébranlé la confiance dans la stabilité de la propriété, dans un pays où les lois civiles, d'accord avec l'impulsion imprimée aux esprits, provoquent et réalisent, avec une effrayante rapidité, le morcellement des grandes masses de propriété, la loi d'élection a donné la majorité, dans tous les colléges, à la plus petite portion de propriété qui pouvait y être appelée, et a complété par ce système l'anéantissement de l'influence salutaire que les législateurs de tous les temps avaient cherché à donner à la propriété foncière sur les élections.....

Ce résultat n'accuse que plus évidemment le déplorable état de votre propriété, tellement morcelée, tellement dépourvue de force, d'influence et de stabilité, qu'encore quelques générations, et il n'en existera plus de parcelle qui soit de quelque importance.

Ce malheur, qui est un des plus fertiles en conséquences effrayantes pour notre avenir, menace déjà si directement la stabilité du gouvernement et la défense de nos libertés, qu'au lieu de prouver que la propriété n'exige pas de nouvelles garanties, il prouve au contraire que, dans l'état de débilité auquel elle est réduite, vous ne sauriez trop lui en donner si vous voulez préserver le gouvernement des atteintes des factions, et si, d'autre part, vous voulez contenir la tendance du pouvoir à tout envahir, sans recourir aux voies anarchiques et révolutionnaires, dernières et terribles ressources des pays privés d'intermédiaires suffisants entre les rois et les peuples.

D'ailleurs, est-elle dans l'intérêt de la propriété foncière, cette exclusion, qu'on nous oppose, des citoyens ne payant pas 300 francs, vivant du travail que leur fournit la propriété et qui eussent usé en sa faveur des droits de participer à l'élection, puisqu'ils ne pouvaient les utiliser pour eux-mêmes? Leur participation ne pouvant consister que dans le choix de quelques électeurs parmi ceux que la loi autorise à le devenir, quelle combinaison plus contraire aux intérêts de la propriété que celle de la loi actuelle vouliez-vous que ces choix amenassent? Prenez le dé, je vous le livre, ils ne peuvent produire aucune chance plus fatale à la propriété que celle que nous avons. En appelant tous les électeurs possibles du même département à voter dans un seul collége, la loi place la grande propriété en minorité dans tous nos colléges, en présence d'une propriété moindre sur laquelle elle ne saurait exercer aucune influence, pas même celle de flatter les passions, car la plus active et la plus naturelle est l'envie que lui inspire la grande propriété. Que pouvait amener de plus contraire à son influence l'intervention d'un plus grand nombre de citoyens pour choisir les électeurs?

Note (13), page 58.

L'amendement Boin était ainsi conçu :

« Les colléges de département sont composés des électeurs les plus imposés, en nombre égal au quart de la totalité des électeurs du département.

» Ces colléges nomment 172 députés. Cette nomination se fera en 1820, conformément au tableau annexé à la présente loi.

» Les colléges d'arrondissement électoraux à former dans chaque département, en vertu de l'article 1er, nomment chacun un député.

» Ces colléges sont composés de tous les électeurs (payant 300 francs de contribution) ayant leur domicile politique dans l'une des communes comprises dans la circonscription de chaque arrondissement électoral.

» Cette circonscription sera provisoirement déterminée, pour chaque département, sur l'avis du conseil général, par des ordonnances du roi qui seront soumises à l'approbation législative dans la prochaine session.

» Le cinquième des députés actuels qui doit être renouvelé sera nommé par les colléges d'arrondissement.

» Pour les sessions suivantes, les départements qui auront à renouveler leur députation la nommeront en entier d'après les bases établies par le présent article. »

Cet amendement contenait les dispositions les plus importantes de la loi électorale, qui fut adoptée par une majorité formée des centres et du côté droit de la chambre; cette loi était cependant loin de satisfaire le parti royaliste, qui depuis 1815 n'avait cessé de réclamer une base plus large pour la représentation du pays, et deux degrés comme le meilleur moyen de garantir la stabilité du trône et des institutions.

Note (14), page 64.

Extrait du discours de M. de Villèle dans la discussion de la loi sur les grains, page 592 du *Moniteur.*

Messieurs, je crois qu'on peut considérer en général comme injustes et impolitiques les droits imposés sur l'introduction des grains : ou cette introduction n'est pas nécessaire pour empêcher l'exagération des prix, et alors elle doit être prohibée; c'est ce que vous avez ordonné par les dispositions que vous avez adoptées; ou la concurrence des grains étrangers est nécessaire pour modérer l'élévation des prix, et alors pourquoi vous appliqueriez-vous à atténuer l'effet de cette concurrence, en fournissant vous-mêmes une cause nouvelle de renchérissement dans le droit que vous percevez sur la denrée importée? Craindriez-vous que l'importation n'affaissât trop promptement l'élévation des prix? Mais c'est l'effet que vous lui demandez; c'est pour qu'elle l'opère que vous la permettez. Observez encore que le remède est ici à côté du mal : lorsque l'importation aura produit la baisse, elle cessera; l'existence de vos droits, en soutenant plus longtemps l'élévation factice des prix, n'aurait fait que prolonger inutilement l'importation, nuire ainsi à votre agriculture, que ces droits paraissent destinés à protéger, lever un impôt injuste et impolitique sur les subsistances et en enrichir le trésor aux dépens des consommateurs de cette denrée de première nécessité que tous vos soins doivent se borner à maintenir toujours à un prix modéré.

La question que nous traitons me paraît bien peu comprise par ceux qui la considèrent comme devant décider un grand procès entre les producteurs et les consommateurs. Heureusement il n'en est rien, et l'intérêt des uns et des autres, comme celui de l'administration, est d'arriver à ce point utile à tous, que le prix moyen des grains, désirable dans chaque localité, y soit constamment maintenu, et que les moyens législatifs d'agir sur le prix des subsistances soient toujours appliqués à l'élever jusqu'à ce taux moyen, lorsque les belles récoltes tendent à l'affaisser, à le comprimer; lorsque les mauvaises récoltes tendent à l'exagérer.

Le plus puissant des moyens législatifs, actuellement à notre disposition, est bien certainement la liberté ou la prohibition de l'importation; les circonstances ne nous permettent plus guère d'espérer de grands résultats de l'exportation. Mais l'action de ce moyen est, quoi qu'on en puisse dire, bien plus d'imagination que de réalité; elle opère bien plus sur les têtes que sur les estomacs. Qu'a produit l'importation désastreuse de 1820? un million d'hectolitres sur une consommation de cent soixante millions, tandis que l'excédant de la récolte a été de quinze millions; le moyen réel de prévenir les disettes est donc de favoriser les produits de notre agriculture, car c'est elle seule qui opère en réalité notre approvisionnement; le moyen moral d'opérer sur les prix, sur la libre circulation, sur la facilité des transactions, sur l'application de tous les produits à tous les besoins, est dans l'importation. Sacrifier le moyen réel au moyen factice, permettre l'importation quand elle nuit à la production, c'est préparer, c'est appeler la disette; car, pour un million d'hectolitres de blés introduits, elle aura empêché la reproduction de quinze millions d'excédant dont elle aura atténué votre récolte;

pour 3 ou 4 fr. de baisse qu'elle aura amenés dans un temps où les prix étaient modérés, elle aura préparé une hausse de 10 francs à l'époque où ces prix seront le plus exagérés.

Je crois donc que c'est agir dans l'intérêt de tous que de fixer, comme vous l'avez fait, le prix désirable du prix des grains dans chaque localité d'une manière favorable à la reproduction, en même temps qu'elle est tolérable pour les consommateurs. Je pense qu'ensuite c'est faire tout ce que peut la législation sur cette matière que d'appliquer le seul moyen qu'elle ait de lutter avec les circonstances variables qui tendent sans cesse à éloigner de ce prix désirable ; à le comprimer par l'importation, lorsqu'il s'élève ; à le relever par la prohibition et l'exportation, lorsqu'il s'affaisse au-dessous du niveau désirable.

C'est ce que vous avez fait par les limites posées pour l'importation et l'exportation. Par le premier moyen, vous avez fait tout ce qui était en votre pouvoir pour encourager le plus puissant de vos auxiliaires contre la disette, votre agriculture ; par le second, vous avez déterminé la direction à donner au plus actif des moyens par lesquels les prix, les spéculations, la circulation, la bonne distribution des subsistances puissent être influencés.....

Page 363 du *Moniteur*.

Le transport des grains offre tant de difficultés, expose à tant de pertes, entraîne tant de frais ; il est si peu favorisé par l'opinion publique, il a été si longtemps un motif de proscription, un sujet de dangers personnels, que nous n'avons pas, dans nos pays de production, des établissements de commerce pour opérer des ventes de grains au loin et par grandes masses.....

Faire le commerce de grains dans les pays de production, c'est, aussitôt que les prix s'élèvent, travailler à faire hausser le pain, bientôt à affamer le pays.....

Il ne s'agit pas ici d'empêcher à jamais l'importation des grains étrangers; il s'agit seulement de fixer le taux auquel il est utile aux consommateurs de se garantir des disettes à venir, et aux propriétaires de pouvoir payer leurs impôts et les frais de culture.....

Note (15), page 76.

Extrait de la discussion sur la loi de la presse qui prouve que M. de Villèle ne se faisait pas d'illusion sur l'efficacité ou plutôt sur l'insuffisance des mesures répressives.

Vous avez, Messieurs, des devoirs à remplir vis-à-vis de la société, et lorsque vous accordez la liberté de la presse, vous devez faire tout ce qui dépend de vous pour qu'une arme aussi dangereuse blesse le moins possible les intérêts des particuliers et de la société, et pour qu'elle compromette le moins possible la sûreté du gouvernement. Je ne dis pas que lorsque vous aurez accompli ce devoir il ne restera pas encore quelque chose à craindre; l'arme que vous avez à combattre a une portée assez étendue, elle est assez insaisissable pour qu'il reste encore une partie des dangers dont vous n'aurez pas pu garantir la société.

Note (16), page 79.

Extrait de la discussion de la loi des douanes sur l'introduction des bestiaux étrangers, page 929 du *Moniteur.*

M. LE MINISTRE DES FINANCES. Messieurs, ce produit pour lequel nous avons demandé une protection spéciale est celui que vous avez le plus d'intérêt à protéger, car il doit ressortir de la multiplication des bestiaux en France un si grand nombre d'avantages pour votre agriculture, pour le bien-être de la population, que je n'hésite pas à soutenir que c'est là un de vos intérêts les plus précieux..... C'est avec ces bestiaux que vous multiplierez, que vous pourrez davantage féconder votre sol ; c'est même avec ces bestiaux que vous suppléerez au manque du produit de vos terres; vous y trouverez une amélioration sensible pour la nourriture des habitants, puisque tel qui aujourd'hui ne mange que du pain, pourra, comme en Angleterre, manger de la viande. Cette amélioration ne sera pas la seule; avec l'argent qui vous servait à acheter les bestiaux que vous tiriez de l'étranger et que vous élèverez vous-mêmes, vous achèterez ces vins qui se vendaient à l'étranger et qui bientôt pourront être bus par des Français.

Note (17), page 79.

Extrait de la discussion du budget, page 1021 et 1022 du *Moniteur* de 1822.

M. LE MINISTRE DES FINANCES. Vous n'attendez pas de moi, Messieurs, que je descende dans tous les détails que nécessiterait une réponse à chacune des accusations qui ont été dirigées contre notre administration..... ; vous connaissez les circonstances qui ont suivi son établissement, vous avez vu quels moyens étaient alors employés pour agiter la France. Qu'a fait l'administration ? elle s'est contentée de la justice ordinaire, aucune demande n'a été faite à la chambre pour obtenir des lois extraordinaires. L'accusation dirigée contre nous est donc dénuée de tout fondement.....

J'arrive maintenant à ce qui a été dit dans cette discussion relativement aux finances, et malheureusement je trouve qu'il a été dit peu de choses ; j'aurais désiré que la loi qui vous est présentée eût été attaquée plus complétement qu'elle ne l'a été; je l'aurais désiré, parce que j'ai la conviction que ce qui a été proposé à la chambre était ce qu'il y avait de mieux, et que dès lors je ne crains pas que sous ce rapport les attaques puissent rester sans réponse.....

On a voulu encore comparer les charges que supportait le peuple sous le précédent gouvernement avec celles qui lui sont imposées aujourd'hui. Eh bien, Messieurs, à l'époque qu'on a citée nous avions tous les avantages que donne la victoire ; aujourd'hui nous avons l'inconvénient de supporter les fautes et les mécomptes qui ont précédé la Restauration ; cependant en comparant les contributions foncières d'alors à ces mêmes contributions telles qu'elles existent aujourd'hui, et en tenant compte de la réduction du nombre des départements, nous trouvons que ces contributions sont actuellement moindres d'une somme de 122 millions. Il n'y a rien à répondre à un fait aussi positif.

On a dit que chaque année vos dépenses vont croissant ; mais c'est que chaque année le poids des charges qui ont été imposées par nos malheurs précédents venant à se réaliser, ces charges nous font une nécessité de demander au peuple des impôts, qui seuls peuvent y faire face.

Note (18), page 87.

Vienne, le 20 octobre 1822.

Le prince de Metternich et M. de Nesselrode sont venus me proposer de commencer à préparer l'affaire d'Espagne dans une réunion confidentielle des principaux membres des cinq cabinets : eux deux, le duc de Wellington, M. de Bernstorff et moi, disant que c'était ainsi qu'ils avaient procédé aux autres congrès, que c'était la seule manière de s'entendre complétement et d'éviter les longues et interminables discussions d'une conférence nombreuse à laquelle il fallait apporter la besogne toute faite..... Nous nous sommes réunis.....

On s'est promis avant de se quitter un secret absolu, qui, je crois en avoir déjà la preuve au moment où j'écris, sera mal gardé. Il y aura des premières confidences au moins vis-à-vis des plénipotentiaires qui sont aux aguets et dont quelques-uns se tourmenteraient volontiers de n'être pas plus promptement mis en activité et d'être sevrés de quelques confidences intimes. MM. de Tatischeff et Pozzo pourraient être de ce nombre; parmi les nôtres, cette disposition n'est à redouter que de M. de Chateaubriand, dont je tâcherai cependant de ménager l'amour-propre et d'utiliser le zèle.....

MONTMORENCY.

La phrase suivante se trouve dans l'ouvrage de M. de Chateaubriand sur le congrès de Vérone :

« Mais enfin tout se traita d'abord presque à notre insu ; si » vous exceptez la traite des noirs et les colonies espagnoles, » on ne demanda notre sentiment sur rien ; tout se passa » entre les chefs des cabinets, ainsi que l'indique suffisam- » ment l'intitulé même des communications verbales. Nous » n'eûmes guère de rapports qu'avec M. Gentz. »

Vérone, le 31 octobre 1822.

Je vous remercie, mon cher ami, de votre petit mot du 23 ; la dépêche de M. de Montmorency vous portera à peu près aujourd'hui la conclusion de l'affaire d'Espagne selon vos instructions.....

M. de Montmorency parle de nous quitter dans une huitaine de jours. Après son départ, les affaires iront vite, car elles sont peu compliquées et les rois s'ennuient ici ; quant à moi, je suis très-impatient d'apprendre que vous avez fait pour nos amis ce qu'il est si important que vous fassiez. Au nom du ciel et de la justice, placez Bertin et de Lalot, accordez-moi ce que je vous demande pour la millième fois.

Il n'est pas possible de s'occuper ici et dans ce moment de l'affaire des colonies, personne ne veut écouter ; par la suite nous pourrons y venir.

Bonjour, mon cher ami, tout à vous pour la vie.

CHATEAUBRIAND.

Vérone, le 20 novembre.

M. de Montmorency vous dira où nous en sommes ici ; ce qui nous restera à faire après son départ est peu de chose, et, selon toutes les probabilités, le congrès sera dissous le 10 ou le 15 du mois prochain.....

Mes actions vont hausser après le départ de M. de Montmorency ; j'aperçois déjà les symptômes d'une faveur à venir ; je réussirai surtout si vous m'écrivez, et si l'on sait que je suis votre *homme*, car tout en trouvant quelque chose à redire à votre prudence, on a la plus haute idée de votre capacité.....

J'aurais voulu mieux servir le roi ici, mais en seconde ligne on ne peut avoir que du zèle.

Tout à vous, mon cher ami, et pour la vie.

CHATEAUBRIAND.

Note (19), page 87.

Le soussigné, chargé d'affaires de France, a reçu de son gouvernement l'ordre exprès de présenter à Son Excellence le ministre des affaires étrangères de Sa Majesté Britannique les communications suivantes.

Le gouvernement de Sa Majesté Très-Chrétienne vient d'être informé que le 15 de ce mois le ministère espagnol a, dans une séance secrète des Cortès, demandé et obtenu l'autorisation de conclure un traité de commerce avec l'Angleterre. On ajoute que pendant la discussion un orateur ministériel a présenté cette mesure comme un sacrifice au prix duquel on pourrait espérer des secours devenus indispensables.

Le cabinet de Saint-James connaît parfaitement et il apprécie les motifs qui ont forcé la France à maintenir un corps d'observation sur les limites des provinces d'Espagne, qui sont en proie à l'anarchie et à la guerre civile. Ce cabinet n'ignore pas non plus les dangers auxquels la personne du roi d'Espagne et sa famille ont été récemment exposés.

Sa Majesté Britannique a envoyé M. le duc de Wellington au

congrès de Vérone, où les souverains alliés sont en ce moment occupés à concerter les moyens les plus propres à mettre un terme aux calamités de l'Espagne.

Dans de pareilles circonstances, une négociation séparée avec l'Angleterre aurait pour résultat infaillible de donner aux principes qui dirigent aujourd'hui le gouvernement espagnol un appui moral dont les conséquences sont faciles à apprécier.

Le gouvernement français se refuse à croire que telles puissent être les intentions de Sa Majesté Britannique. Il se flatte que les explications loyales que le ministère anglais lui donnera ne laisseront aucun doute sur l'état actuel des relations du cabinet de Saint-James avec le cabinet espagnol. Le gouvernement français attend ces explications avec confiance. Les ministres de Sa Majesté Britannique reconnaîtront facilement que, dans la situation où se trouve la France vis-à-vis de l'Espagne, *une décision immédiate de la France doit résulter de ces explications.*

De son côté, le gouvernement français sera toujours disposé à donner à ses alliés, par sa conduite et par les éclaircissements qu'ils pourraient désirer, la preuve de l'intention qu'il a constamment montrée de concourir au rétablissement de l'ordre dans la Péninsule, sans renoncer, s'il est possible, aux avantages de la paix dont jouit l'Europe.

Note (20), page 91.

Paris, le 26 décembre 1822.

Mon cher ami, la nuit porte conseil, il ne serait bon ni pour vous, ni pour moi, que j'acceptasse dans ce moment le portefeuille des affaires étrangères. Vous avez été excellent pour moi, et je n'ai pas toujours eu à me louer de M. de Montmorency; mais enfin il passe pour être mon ami, il y aurait quelque chose de déloyal à moi à prendre sa place, surtout après tous les bruits qui ont couru; on n'a cessé de dire que je voulais le renverser, que je cabalais contre lui, etc. S'il était resté dans un coin du ministère ou que le roi lui donnât une immense retraite, comme la place de grand veneur, les choses changeraient de face et je pourrais accepter, mais alors il resterait encore des difficultés.

Vous savez, mon cher ami, combien je vous suis dévoué, j'ai le bonheur de vous servir assez puissamment auprès de cette partie des royalistes qui sont opposés à votre système; je les tempère, je les arrête et je les retiens, par la confiance qu'ils ont en moi, dans les bornes d'une juste modération; mais, mon cher ami, je perdrais à l'instant toute mon influence sur eux, si j'entrais au ministère sans amener avec moi deux ou trois hommes de la droite, de ces hommes qu'il est facile de désarmer, mais qui seront extrêmement dangereux à la session prochaine, si vous ne voulez pas vous arranger avec eux. Croyez bien, mon cher ami, que le moment est critique : vous pouvez rester vingt ans où vous êtes et porter la France au plus haut point de prospérité, ou, vous pouvez tomber avant deux mois et nous replonger dans le chaos. Cela dépend absolument de vous et du parti que vous allez prendre.

Je vous en conjure au nom de l'amitié et de ma fidélité politique, profitez de l'occasion qui se présente pour consolider votre ouvrage; au reste, j'approuve fort que vous preniez le portefeuille des affaires étrangères comme vous l'aviez par intérim. Cela vous donne le temps de voir venir et d'arranger les affaires.

Je dois vous dire aussi avec franchise qu'il y a tel ministre des affaires étrangères que vous pourriez choisir, sous lequel je ne pourrais servir, et ma démission serait un grand mal dans ce moment.

Voilà, mon ami, une partie des mille choses que j'ai à vous dire. Nous nous reverrons, nous causerons, soyez persuadé au reste de cette vérité; c'est que mon sort politique est lié au vôtre et que je reste ou tombe avec vous.

A vous pour la vie.

CHATEAUBRIAND.

M. de Chateaubriand ne persista pas longtemps dans son refus (ce qui était facile à prévoir d'après la teneur de sa réponse); il accepta le ministère des affaires étrangères sans insister sur l'entrée dans le ministère de deux ou trois de ses amis qu'il avait d'abord mis pour condition à son acceptation. Il écrivit à M. de Villèle :

Samedi, 28 décembre, à 5 heures.

Si le roi accepte, songez, mon cher ami, qu'il faut que la nomination soit connue en même temps que la démission; autrement les journaux de droite prendront feu, et le roi reculera sur la nomination, en raison de ce qu'il croira voir dans l'attaque une intention de lui forcer la main; prenez garde à cela, le danger est réel.

CHATEAUBRIAND.

Note (21), page 91.

Le président du conseil des ministres, chargé par intérim du portefeuille des affaires étrangères, à M. le comte de Lagarde, ministre du roi à Madrid.

Monsieur le comte, votre situation politique pouvant se trouver changée par suite des résolutions prises à Vérone, il est de la loyauté française de vous charger de donner connaissance des dispositions de Sa Majesté Très-Chrétienne au gouvernement de Sa Majesté Catholique.

Depuis la révolution arrivée en Espagne au mois d'avril 1820, la France, malgré les dangers qu'avait pour elle cette révolution, a mis tous ses soins à resserrer les liens qui unissent les deux rois et à maintenir les relations qui existent entre les deux peuples.

Mais l'influence sous laquelle s'étaient opérés les changements survenus dans la monarchie espagnole est devenue plus puissante par les résultats mêmes de ces changements, comme il avait été aisé de le prévoir.

Une constitution que le roi Ferdinand n'avait ni reconnue ni acceptée en reprenant la couronne lui fut depuis imposée par une insurrection militaire. La conséquence naturelle de ce fait a été que chaque Espagnol mécontent s'est autorisé à chercher, par le même moyen, l'établissement d'un ordre de choses plus en harmonie avec ses opinions et ses principes. L'emploi de la force a créé le droit de la force.

De là les mouvements de la garde à Madrid et l'apparition des corps armés dans diverses parties de l'Espagne. Les provinces limitrophes de la France ont été principalement le théâtre de la guerre civile.

De cet état de trouble de la Péninsule est résultée pour la

France la nécessité de se mettre à l'abri. Les événements qui ont eu lieu depuis l'établissement d'une armée d'observation aux pieds des Pyrénées ont suffisamment justifié la prévoyance du gouvernement de Sa Majesté.

Cependant le congrès indiqué dès l'année dernière pour statuer sur les affaires d'Italie se réunissait à Vérone.

Partie intégrante de ce congrès, la France a dû s'expliquer sur les armements auxquels elle avait été forcée d'avoir recours, et sur l'usage éventuel qu'elle en pourrait faire. Les précautions de la France ont paru justes à ses alliés, et les puissances continentales ont pris la résolution de s'unir à elle pour l'aider, s'il en était jamais besoin, à maintenir sa dignité et son repos.

La France se serait contentée d'une résolution à la fois si bienveillante et si honorable pour elle; mais l'Autriche, la Prusse et la Russie ont jugé nécessaire d'ajouter à l'acte particulier de l'alliance une manifestation de leurs sentiments. Des actes diplomatiques sont à cet effet adressés par ces trois puissances à leurs ministres respectifs à Madrid, ceux-ci les communiqueront au gouvernement espagnol et suivront dans leur conduite ultérieure les ordres qu'ils auront reçus de leurs cours.

Quant à vous, monsieur le comte, en donnant ces explications au cabinet de Madrid, vous lui direz que le gouvernement du roi est intimement uni avec ses alliés dans la ferme volonté de repousser, par tous les moyens, les principes et les mouvements révolutionnaires; qu'il se joint également à ses alliés dans les vœux que ceux-ci forment pour que la noble nation espagnole trouve elle-même un remède à ses maux; maux qui sont de nature à inquiéter les gouvernements de l'Europe et à leur imposer des précautions toujours pénibles.

Vous aurez surtout soin de faire connaître que les peuples

de la Péninsule, rendus à la tranquillité, trouveront dans leurs voisins des amis loyaux et sincères. En conséquence, vous donnerez au cabinet de Madrid l'assurance que les secours de tous genres dont la France peut disposer en faveur de l'Espagne lui seront toujours offerts pour assurer son bonheur et accroître sa prospérité; mais vous lui déclarerez en même temps que la France ne se relâchera en rien des mesures préservatrices qu'elle a prises tant que l'Espagne continuera d'être déchirée par les factions. Le gouvernement de Sa Majesté ne balancera pas même à vous rappeler de Madrid et à chercher ses garanties dans des dispositions plus efficaces, si ses intérêts essentiels continuent à être compromis, et s'il perd l'espoir d'une amélioration qu'il se plaît à attendre des sentiments qui ont si longtemps uni les Espagnols et les Français dans l'amour de leurs rois et d'une sage liberté.

Telles sont, monsieur le comte, les instructions que le roi m'a ordonné de vous transmettre au moment où les notes des cabinets de Vienne, de Berlin et de Saint-Pétersbourg vont être remises à celui de Madrid. Ces instructions vous serviront à faire connaître les dispositions et la détermination du gouvernement français dans cette grave occurrence.

Vous êtes autorisé à communiquer cette dépêche et à en fournir copie si elle vous est demandée.

Paris, 25 décembre.

Note (22), page 93.

M. le duc de Bellune écrivait de Bayonne le 2 avril à M. de Villèle :

J'ai dans mes mains, et je me réserve de les soumettre au

conseil, les preuves irrécusables que l'administration de la guerre n'a pas exécuté, ou du moins ne l'a fait que fort tard, les ordres qu'elle a reçus de moi au mois de juin et que j'ai répétés souvent depuis, de pourvoir aux approvisionnements de l'armée. Les mêmes pièces constatent que les rapports faits à ce sujet par M. le comte Andréossy sont tous mensongers; cependant on a remédié autant que possible à sa négligence, et l'armée sera pourvue.

Le Maréchal DE BELLUNE.

M. le comte de Villèle écrivait à Mgr le duc d'Angoulême :

Paris, le 7 avril 1823.

Un certain M. Ouvrard est parti pour Bayonne et cherchera par tous les moyens à nouer là des opérations soit de fournitures, soit d'emprunts, pour lesquelles il a été repoussé ici; je conjure Monseigneur de s'armer de méfiance et de sévérité contre lui et ses semblables qui se mettent ainsi à la suite des armées et finissent par faire la honte et le déshonneur de leur administration.....

Je ne saurais trop répéter à Monseigneur que s'il ne se méfie des hommes qui lui conseilleront des dépenses exagérées, et s'il ne nous renvoie, sans se gêner, ceux qui ne porteront pas dans les dépenses de l'armée l'ordre et l'économie nécessaires, une ombre, d'autant plus aperçue que les formes de notre gouvernement la feront mieux ressortir, affaiblira l'éclat de la gloire dont vont se couvrir les troupes confiées à son commandement.....

J[h] DE VILLÈLE.

Tolosa, ce 13 avril.

MONSIEUR LE COMTE DE VILLÈLE,

Je ne conçois pas plus que vous la demande formée par l'intendant en chef d'un supplément de crédit de 20 millions; je ne lui ai accordé qu'un supplément de 3 millions 380 mille francs.....

Quant aux propositions de M. Ouvrard contre lesquelles vous me prémunissez, le meilleur moyen de ne pas avoir recours à lui était d'assurer les approvisionnements de l'armée. Je n'entrerai pas dans la discussion détaillée des articles du traité passé avec lui sur le rapport de l'intendant en chef, et que j'ai approuvé; mais je me suis convaincu par moi-même, et le ministre de la guerre l'a vu aussi par ses yeux, que la discipline et l'existence de l'armée pourraient être compromises par le défaut d'approvisionnement. Je me suis donc vu à la tête d'une armée qui manquait de tout, et qui cependant se trouvait placée au milieu des approvisionnements de tous genres. Comment a-t-on pu ignorer que depuis plus d'une année les ordres du ministre de la guerre n'étaient pas exécutés? et comment ne savait-on pas qu'un négociant spéculait sur cette imprévoyance et rassemblait de tous côtés d'immenses approvisionnements? C'est au moment d'entrer en Espagne que cette situation se découvrait. Que faire dans une circonstance semblable? Je n'avais d'autre parti à prendre que d'acheter à qui les possédait, afin de ne pas rester dans la disette au milieu de l'abondance; il n'y avait pas à choisir entre M. Ouvrard ou tout autre : il tenait dans ses mains la destinée de l'armée, le succès de la campagne.

Grâce à vos prévoyantes réserves de fonds et aux approvisionnements de M. Ouvrard, la campagne s'est ouverte aussitôt que j'en ai reçu l'ordre, et elle s'est ouverte sous de très-heureux auspices. La confiance est déjà établie en Espagne. Les troupes, assurées maintenant de distributions, observent la plus exacte discipline; aucune réquisition n'a lieu; tout se paye au comptant, et l'habitant vient nous offrir tout ce dont nous avons besoin.

Quant aux conditions du marché, j'ai dû m'en rapporter aux lumières de l'administrateur que le ministre de la guerre a placé près de moi ....

LOUIS-ANTOINE.

M. le duc d'Angoulême écrivait encore à M. de Villèle le 21 avril 1823 :

Si tous nos approvisionnements avaient été prêts comme ceux d'argent, nous n'aurions pas été réduits à traiter avec Ouvrard....

Dites-moi toujours avec confiance tout ce que vous croirez dans l'intérêt du service du roi; j'y répondrai de même; soyez sûr de toute celle que j'ai en vous, ainsi que de toute mon estime et affection.

LOUIS-ANTOINE.

Lettre de M. de Villèle à M. le duc d'Angoulême en date du 20 avril 1823.

Je sais plus qu'un autre que le succès, c'est-à-dire notre propre existence, tient en grande partie à cette dépense elle-même, à l'ordre qu'elle garantit dans l'armée, à l'appât dont elle doit être pour la population; et, tout grognon que doit être un ministre des finances à pareille fête, Votre Altesse

Royale peut être certaine que, sauf les abus qui partout sont un mal, loin de me plaindre des dépenses utiles que vous ordonnerez, je serais désolé de voir un seul des résultats que vous pouvez obtenir reculé d'un jour par une dispendieuse économie.

J[h] DE VILLÈLE.

M. de Villèle écrivait à M. de Martignac, commissaire civil du gouvernement français (avril 1823) :

Je reçois, mon cher monsieur, votre lettre du 9, et je commencerai par vous exprimer, comme je l'ai fait hier dans ma lettre à Monseigneur, combien je vous plains d'avoir affaire à des auxiliaires aussi déraisonnables.

Cependant, comme il faut en avoir, comme il importe beaucoup que les Espagnols ne nous considèrent pas comme des étrangers qui viennent leur dicter des lois, et qu'il est indispensable qu'il s'organise dans le pays même une force capable de comprimer les partisans de la révolution que vous allez détruire, il faut sans doute que vous persistiez dans la voie qu'il me paraît que vous avez suivie, en utilisant ceux de ces Espagnols qui veulent marcher avec nous et en éloignant ceux qui ne cherchent qu'à créer des obstacles.

A mesure que vous pénétrerez dans le pays, il sera peut-être possible de renforcer votre junte de quelques-uns des hommes les plus influents dans chaque province; vous pourriez aussi peut-être laisser s'organiser dans chaque localité les autorités royalistes qui, si elles ne marchent pas dans un sens bien uniforme, et avec une entière subordination dans le sens de notre junte centrale, du moins administrent le pays et y maintiennent l'ordre.....

Nous allons faire tous nos efforts pour réparer les fautes commises dans l'administration de l'armée. J'y pourvois autant qu'il est en moi, en ne laissant pas les caisses de réserve manquer d'argent; mais il me serait dur de le voir passer dans les mains des fripons, comme cela arrive d'ordinaire en de pareils désordres.

J[h] DE VILLÈLE.

M. de Villèle écrivait encore à M. de Martignac (avril 1823):

MON CHER MONSIEUR,

J'ai mis sous les yeux du roi et j'ai communiqué au conseil votre lettre du 12 et la réponse que vous a faite l'archevêque de Tarragone.

Il est déplorable de voir ainsi les prétentions et les intérêts personnels mettre obstacle à des entreprises semblables à celle que nous tentons; mais enfin les hommes sont hommes. Notre condition est de faire leur bien en dépit d'eux-mêmes, et notre sagesse doit être de ne nous éloigner de ce but ni faute de persévérance, ni faute de patience: il faut beaucoup de cette vertu avec les Espagnols.....

J[h] DE VILLÈLE.

Paris, le 7 juillet 1822.

MONSEIGNEUR,

Je reçois la lettre que Votre Altesse Royale m'a fait l'honneur de m'écrire le 2 de ce mois. Nous apprenons avec grand plaisir la décision du général Morillo. Si Ballesteros et les généraux de Catalogne avaient ainsi pris leur parti, nos affaires et les leurs en eussent été améliorées; l'Espagne eût été placée dans la véritable situation où elle finira par se trouver, c'est-à-dire avec toutes les opinions, tous les intérêts divers en présence : ce qui n'existe pas tant que, s'obstinant à rester dans une situation absurde et à défendre une cause perdue, que nous ne pouvons que combattre, une portion notable des Espagnols livre son pays aux prétentions et à l'exaltation du reste de la nation.

La reddition de Cadix ou la délivrance du roi mettra fin, il faut l'espérer, à toute cette résistance partielle, et placera Votre Altesse Royale dans une bien meilleure situation pour faire entendre et triompher les conseils de la raison et d'une saine politique; tant que ce dernier triomphe ne sera pas obtenu, la régence, le ministère et l'opinion qui se montre à l'abri de nos baïonnettes resteront dans la voie de l'exaltation et de la violence; c'est dans la nature des choses, dans celle du cœur humain. Il y a plus de faiblesse et de crainte que d'autres choses dans cette disposition ; il faut la supporter et la pardonner en la contenant autant que nous pourrons, sans nous exposer à l'exaspérer encore davantage par une contradiction qui ne serait pas ordonnée par la bienveillance.

Le roi approuve tout à fait la conduite tenue par Votre Altesse Royale à l'égard de Morillo. Qu'il reconnaisse la régence de Madrid, qu'il emploie ses troupes de concert avec les vôtres à maintenir l'ordre dans son pays; c'est, je le répète, le meilleur parti que tous ces généraux auraient à prendre. Mais le pourraient-ils? Nous voyons les folies de notre parti; ils sont soumis à celles du leur, et je ne serais pas étonné d'apprendre que Morillo a été abandonné de son monde en Castille, comme Labisbal à Madrid.

Monseigneur aura la bonté, dans les ordres qu'il donnera à ses généraux, de ne pas oublier que la Corogne nous importe beaucoup, ainsi que la restitution des prises faites par les corsaires de ce port. Nous venons d'apprendre qu'ils ont capturé un second navire richement chargé, venant de Saint-

Domingue; c'est fort mauvais pour l'opinion en France, et cela doit continuer à exalter les mauvais sentiments à la Corogne; il faut mettre un terme à ce double mal le plus tôt que nous pourrons.

Votre Altesse Royale me marquait dans une de ses dernières lettres qu'elle renonçait à faire faire le siége de Pampelune, sans m'en donner les motifs; elle avait pensé précédemment que cette ville ne se rendrait pas avant l'hiver, et que plus tard le siége n'en pouvait être fait. C'est une des places que nous devons occuper. Dans tous les cas, ne serait-il pas alors indispensable d'en faire le siége à tout événement? M. le maréchal prétend que tout est prêt à la frontière, et qu'on trouverait avec facilité à louer tous les moyens de transport nécessaires. Je soumets tout cela à la sagesse de Monseigneur.

Je lui rappelle, à l'égard des divers systèmes d'occupation dont je l'ai entretenu ces jours derniers, que notre intention ne peut être de vouloir imposer aucune de ces mesures, mais seulement de les accorder avec plus ou moins d'étendue, selon que l'on usera de plus ou de moins de sagesse; nous serons trop heureux de n'avoir rien à occuper et de pouvoir ramener en France toute notre armée, et cela le plus tôt possible.

M. de Martignac me parle de l'envie qu'aurait la régence d'envoyer un ambassadeur à Lisbonne; je ne vois aucun motif de nous opposer à cet envoi. L'attention et l'inquiétude générale se tournent maintenant sur Cadix. On a raison; c'est là que va être décidé le sort de notre entreprise. Je n'ai pas la moindre appréhension sur le résultat; mais quand j'en calcule les conséquences, je sens qu'il importe que nous ne négligions aucun des moyens de réussite qui seront à notre disposition. Si d'ici nous pouvions aider au succès, indiquez-nous en quoi, et, pourvu que ce soit possible, nous le ferons.

J'avais pensé à deux paquebots à vapeur que nous avons à Calais. Je viens d'en faire demander des nouvelles : aucun n'est en état de vous être envoyé.

Nous avons fait cette guerre sans avoir rien de ce qu'il fallait, tirons-nous-en comme nous pourrons; mais n'oublions pas ensuite que nous ne sommes bien montés ni en marine, ni en administration de guerre, et attachons-nous à y pourvoir.

Des Anglais sont venus me proposer de partir de Londres sur un bateau à vapeur qui fait quatre lieues à l'heure, d'aller à Cadix et d'y enlever le roi un jour de calme. Je n'ai pas voulu laisser mettre sous la main des Cortès un tel moyen de nous enlever le roi. Il faut songer au parti qu'ils pourraient tirer de ce mauvais bateau à vapeur qu'ils ont à leur disposition. Le seul moyen est que les canots à rames de notre escadre fassent bonne garde dans ce temps-là, et que, bien armés et montés par des hommes résolus, ils puissent s'emparer de ce bateau si jamais on le voyait tenter de profiter du calme pour sortir du port. Que Monseigneur ne craigne rien de l'Angleterre ni des dispositions des autres cabinets à soutenir l'absolu, ni des intrigues de nos coteries; tout cela viendra se briser contre une résolution sage et inébranlable : le succès de nos armes, la conduite admirable de Monseigneur, et par-dessus tout la main de Dieu, si évidente dans tout ceci, doivent nous donner une entière confiance.

Je suis, etc.

J[h] DE VILLÈLE.

Madridejos, le 27 octobre.

J'ai eu le plaisir de recevoir, mon cher comte, vos deux lettres des 19 et 20.....

J'ai reçu depuis peu trois lettres de M. de Chateaubriand, avec qui je ne suis point en correspondance, ne l'étant qu'avec vous seul des ministres du roi, ne rendant compte qu'à vous ou à mon père, et ne recevant que par vous les instructions du roi. Par la première, il m'envoyait un *Journal des Débats* contenant un article de lui; par la seconde, il m'offrait l'ambassade de Constantinople pour un de mes généraux; et par la dernière, il m'annonçait l'arrivée de M. Pozzo, m'engageait à le bien traiter et à regarder la Russie comme notre meilleure alliée. J'ai répondu à la seconde que je ne me permettrais pas de désigner une personne au roi pour l'ambassade de Constantinople; mais que je citerais les généraux Guilleminot, Bordesoulle et Dode comme m'ayant parfaitement secondé. A l'égard de la troisième, concernant M. Pozzo, je le recevrai poliment, je ne lui parlerai de rien. S'il me parle politique, je lui répondrai que cela ne me regarde pas; la France est maîtresse de faire ce qu'elle veut, et n'a aucun compte à rendre à personne.

Je vous renouvelle, mon cher comte, l'assurance de toute mon estime et affection.

LOUIS-ANTOINE.

Note (23), page 100.

Extrait du discours de M. de Villèle dans la discussion sur les centimes extraordinaires et les prestations.

Il faut prendre garde d'accorder le droit de voter des centimes à ceux qui, dans une commune, seraient intéressés à augmenter des dépenses. Ceux qui administrent sont souvent par amour-propre intéressés à faire certaines dépenses.

Je répondrai aux partisans des prestations en nature : Qu'entendez-vous par prestations ? Est-ce la faculté accordée au pauvre de payer sa part, dans l'impôt que vous voulez appliquer à la réparation des chemins vicinaux, avec sa journée, au lieu de la payer avec son argent? Je vous déclare que vous ne lui accordez rien; car, en réalité, la journée sera faite par le pauvre, et soit qu'elle soit comptée pour sa part contributive ou payée avec l'argent de sa journée, vous ne faites rien pour lui. Si par prestation en nature pour la confection des chemins vicinaux, vous entendez par là un impôt personnel au lieu d'un impôt établi en raison des facultés des contribuables, je vous dirai que vous en feriez vainement la proposition, car il n'y aurait pas d'impôt qui fût plus illégal. La loi ne peut pas ordonner ce qui est contraire à la Charte, et la Charte a dit que chaque citoyen contribuait au prorata de ses moyens. Vous ne pouvez donc, pour la confection des chemins vicinaux, venir demander qu'un impôt proportionnel.

Mon intention n'est pas d'engager la chambre dans une question aussi grave. C'est une des plus grandes questions que vous puissiez traiter. Lorsque vous l'aurez approfondie, vous reconnaîtrez qu'il ne peut être question que d'un impôt proportionné aux facultés, et alors que, ni pour le pauvre, ni pour le riche, il n'y aura aucune espèce d'avantage à appeler les prestations en nature.

Note (24), page 105.

Extrait d'une lettre de M. le comte Mollien à M. de Villèle.

19 février 1824.

MONSIEUR LE COMTE,

Les importantes dispositions de finances que Votre Excellence m'a permis de parcourir avec elle m'occupent depuis cette entrevue. Vous m'avez autorisé à vous soumettre les réflexions qui pourraient suivre un premier examen. Vous savez, monsieur le comte, que ce ne sont pas des objections que vous avez à attendre de moi, je voudrais pouvoir aller au-devant de toutes celles que rencontreraient vos intentions que j'apprécie.....

M. le comte Mollien écrivait encore à M. de Villèle le 26 mars :

L'article inséré dans le *Moniteur* d'aujourd'hui a déjà opéré des conversions ; il explique tout, répond à tout, justifie tout. Cet article n'est pas trop long pour le *Moniteur*. Il serait bon qu'il reparût dans quelques autres journaux ; mais, le cadre étant moins large, il conviendrait peut-être d'abréger ce très-bon article, sans le rendre moins substantiel.

Signé MOLLIEN.

M. le comte Roy avait aussi écrit à M. de Villèle :

J'ai beaucoup réfléchi sur le projet dont Votre Excellence a bien voulu me faire part. C'est une grande opération dont les avantages n'ont pas besoin d'être développés, il ne faut qu'examiner et peser les difficultés que son exécution pourrait encore éprouver actuellement.....

Car il est bien important pour le gouvernement et pour le ministre que l'opération ne soit pas manquée.

Signé ROY.

Note (25), page 115.

Extrait de la réponse de M. de Villèle à un discours du général Foy, dans la discussion sur les comptes de la campagne d'Espagne.

Nous devions attendre, après les succès rapides et brillants de la campagne qui a été si heureusement terminée sous le commandement d'un prince auguste, que les ministres seuls seraient responsables de la partie onéreuse de cette campagne, c'est-à-dire des frais qu'elle aurait coûté et des demandes de crédit qui devaient vous être faites. Nous ne trouvons en cela rien d'étrange ; rien n'est plus juste au contraire. Nous appelons sur nous seuls le blâme des opérations qui ont pu avoir lieu pendant cette glorieuse campagne ; tout l'honneur du succès appartient, à trop de titres, au prince généralissime et à la brave armée qu'il commandait, pour que nous en réclamions quelque chose.

Voyons sur quoi reposent les reproches qui nous sont adressés. J'avais cru trouver dans la première partie du discours de l'orateur auquel je succède, la justification la plus positive, la plus complète, la mieux exprimée du marché contracté avec M. Ouvrard, et cependant les accusations qu'il a dirigées contre nous n'ont porté que sur les conditions imposées par ce traité.....

On vous a dit que trente années de guerre n'avaient pas offert de pareilles dilapidations. Messieurs, les trente années de guerre dont on vous parle n'offrent pas d'exemple d'une pareille campagne ; ces trente années de guerre ont été faites aux dépens des pays qu'on parcourait. Le succès de la campagne d'Espagne dépendait de la discipline de l'armée, et par conséquent de la fourniture exacte de tout ce qui pouvait être nécessaire au soldat.

On s'est récrié sur ce que des marchés avaient été passés pour le chauffage de l'armée. Vous voyez par là jusqu'à quel point a été poussée la discipline, et que ce n'est pas, comme dans les guerres précédentes, avec les meubles des habitants que nos troupes préparaient leurs repas, mais avec du bois acheté dans le pays.

En un mot, le système de la campagne a été tel, que les Français ont été en Espagne des auxiliaires payant tout, n'imposant rien, ne prenant rien, et quand on compare cette expédition avec les guerres précédentes, comment s'étonner que le gouvernement n'ait pas trouvé dans l'administration toutes les ressources qu'il devait en attendre?

Il s'est convaincu par l'expérience qu'elle était impuissante; trois fois il a cherché, avec des efforts toujours constants, à remettre ce service aux mains de l'administration de la guerre, mais il a fallu y renoncer. La preuve de ce que j'avance comme notre justification se trouve, Messieurs, dans les trois traités successifs qui ont été passés.....

Note (26), page 116.

Extrait du discours sur les octrois, page 1037 du *Moniteur*.

Messieurs, c'est une grave question, peut-être plus grave que ne l'a pensé l'auteur de l'amendement, que celle du dommage que porte à l'État et au fisc l'établissement des octrois, ou plutôt l'exagération des droits d'octroi. Rien ne nous parait plus nuisible au développement de la prospérité, parce que rien n'est plus contraire à la consommation, et qu'en général la consommation venant à manquer, les produits s'avilissent et cessent de s'augmenter. Vous serez frappés de cette circonstance, c'est que dans un pays voisin, qui nous donne un si grand exemple de développement de sa prospérité, on ne tolère pas ces droits d'octroi. Mais ce n'est pas le moment d'examiner cette question en elle-même ; il ne s'agit pas encore de savoir par quel autre moyen on pourra pourvoir au service dont les villes sont chargées.

Je suis monté à cette tribune pour appeler particulièrement l'attention des députés sur cet objet, afin qu'ils puissent y réfléchir dans l'intervalle des sessions. Ce qui est le plus à désirer, c'est de pouvoir augmenter la consommation à mesure que les produits s'augmentent. Et le moyen d'accroître la consommation, c'est de ne pas la frapper d'une manière trop notable dans les villes qui offrent des débouchés aux produits des campagnes.

Sous ce rapport, les octrois doivent attirer l'attention des députés, parce que nous avons peine à lutter avec cette disposition qu'on trouve dans les localités à accroître inconsidérément et hors de mesure les droits d'octroi ; ce qui nous semble porter un coup fatal à la consommation et par suite aux produits de l'agriculture.

Note (27), page 129.

Réponse de M. de Villèle à diverses attaques, page 573 du *Moniteur* de 1825.

Le ministre éprouve le besoin de répondre à une accusation grave reproduite sans cesse et avec trop peu de ménagements contre une administration qui ne la mérite pas. C'est par des faits positifs, c'est par l'exposé de toutes les négociations financières qui ont eu lieu depuis la Restauration, qu'il repoussera le reproche qui lui est adressé, et ce ne sera pas sa faute si les administrations précédentes trouvent, dans une justification devenue indispensable, l'examen des opérations dans lesquelles les circonstances les ont entraînées, sans doute contre leur gré. La dette actuelle de l'État est de 197 millions environ ; en 1814 elle n'était que de 61 millions ; depuis elle s'est accrue de 31 millions pour faire face aux créances de l'arriéré ; de 2 millions et demi pour l'indemnité due aux communes dépossédées de leurs biens ; de 1 million et demi pour les dettes du feu roi ; de 95 millions négociés pour payer les charges des invasions, et de 4 millions pour la guerre d'Espagne. Tels sont, en employant les fractions, les divers éléments dont se compose la somme totale de 135 millions ajoutés depuis 1814 à la dette publique ; et pour le dire en passant, il semble que la charge nouvelle proposée pour subvenir à l'indemnité est loin d'être dans une proportion inquiétante avec la masse totale des rentes déjà créées, surtout si l'on considère les grands résultats que cette mesure doit assurer à la France. Voyons maintenant à quelles opérations financières a donné lieu la création de ces rentes : 36 millions d'abord ont été livrés directement par l'État à ses créanciers au taux nominal de 5 p. 0/0, malgré la grande infériorité du cours réel ; c'était précisément, à l'égard des 5 p. 0/0, l'opération que l'on propose aujourd'hui à l'égard des 3. Les 99 autres ont été négociés sur la place au cours moyen de 71 fr. 16 cent., et voici le détail de ces diverses négociations en 1816. 6 millions ont été vendus par le ministre, tant sur la place de Paris que sur les places étrangères, à des taux différents mais qui représentent un cours moyen de 53 fr. 13 cent.; 30 millions ont été négociés, en 1817, à diverses maisons de banque, sans publicité, sans concurrence, au taux moyen de 57 fr. 50 cent. En 1818, 14 millions ont été livrés, aussi sans concurrence et publicité, à des souscripteurs entièrement étrangers, par leur position, aux affaires de finances; le taux en a été de 56 fr. 23 cent. Dans la même année, 12 autres millions ont été livrés sans concurrence à une maison étrangère, au cours de 67 fr. Et ce fut vers cette époque que se manifesta cette crise dans laquelle le trésor public, par suite d'opérations faites sur les reports, demeura chargé d'une masse considérable de rentes qui lui avaient été données en nantissement pour une valeur d'environ 50 millions. On se rappelle encore quels reproches furent adressés à l'administration qui avait engagé l'État dans une spéculation de ce genre. C'est en 1821 qu'eut lieu le premier emprunt avec publicité et concurrence. A la même époque furent créées des annuités portant un intérêt de 6, dont une portion avait été mise en réserve pour former des lots et primes destinés à donner plus de faveur à cet effet. Ces annuités devaient servir à rembourser le premier cinquième des reconnaissances de liquidation données au pair aux créanciers de l'État, quoique au moment de leur émission elles perdissent sur la place jusqu'à 30 p. 0/0. Tels sont les faits. Et si l'on se rappelle en outre qu'en 1817, lorsqu'on voulut entrer pour la première fois dans la route du crédit, non-seulement on ne jugea pas excessive la dotation de l'amortissement, mais on crut devoir y ajouter cent vingt-deux mille hectares de bois qui depuis ont été pour la plupart vendus, exploités et défrichés avec un grand bénéfice pour les acheteurs; on verra que, loin d'avoir favorisé l'agiotage, l'administration actuelle l'a fait cesser autant que possible. Depuis que le trésor de l'État lui a été confié, aucune négociation n'a eu lieu sans concurrence, sans publicité, tout abus est devenu impossible, et il sera facile de le prouver, même à l'égard de ces bons royaux qui

eussent été en possession de ces propriétés. La vérité est que la spoliation existait, et que par l'article 2 de l'ordonnance le roi ouvre aux colons un moyen d'en être indemnisés. Il y a loin de là à une dépossession..... »

Le dernier article de l'ordonnance est ainsi conçu :

« Nous concédons à ces conditions par la présente ordonnance aux habitants actuels de la partie française de Saint-Domingue l'indépendance pleine et entière de leur gouvernement. »

Je comprends qu'on puisse attaquer les ministres qui ont contre-signé une ordonnance aussi importante. Je ne puis comprendre, je l'avoue, comment on pourrait contester au roi le droit de l'avoir rendue.

On la considérera comme on voudra; les mots ne sont rien, surtout dans des matières aussi graves. Voulez-vous contester au roi ce droit, parce que le titre de l'acte est une ordonnance? l'article 14 lui réserve le droit de prendre celles qui sont nécessaires à la sûreté de l'État. Or, s'il peut le faire pour prévenir une émeute, pour dissiper un attroupement, pour nous préserver de la peste ou d'une disette, ne le peut-il pas pour nous garantir de la nécessité d'aller conquérir Saint-Domingue, nécessité qui eût entraîné la France dans des maux, qu'en les calculant mieux, on ne jugera pas inférieurs à ceux dont je viens de parler?

Voulez-vous considérer les dispositions de l'article 3 de l'ordonnance du roi comme le dernier acte de son autorité souveraine sur Saint-Domingue, et comme un article de traité? Dans ce cas, c'est un traité de paix, et l'art. 14 de la Charte en a réservé la conclusion au roi seul.....

Ainsi, pour attaquer l'acte du 17 avril sous les rapports généraux, on est obligé de contester au roi des droits inhérents à la couronne avant la Restauration et spécialement réservés par la Charte; et pour l'attaquer sous le rapport des intérêts privés, on est contraint à se placer dans le faux, à supposer possession là où il y avait spoliation, et à qualifier de spoliation l'indemnité de la dépossession.....

L'ordonnance du 17 avril, ajoute-t-on, a compromis l'honneur de la couronne en reconnaissant l'application de la prescription aux droits de la légitimité. Messieurs, en concédant le fait accompli depuis trente-trois ans par la plus terrible catastrophe, l'ordonnance du 17 avril a exigé que le droit fût non-seulement reconnu, mais satisfait autant qu'il pouvait l'être par les conditions qu'elle a imposées; l'acceptation de ces conditions ne peut être motivée et expliquée que par l'existence et la reconnaissance des droits de propriété, de souveraineté et de légitimité dont on nous accuse d'avoir sacrifié la défense.

L'acte du 17 avril, loin de mériter ce reproche, sera, aux yeux de tous les hommes impartiaux, le moyen qui, dans la situation donnée, pouvait fournir la preuve la plus éclatante de la force de la légitimité pour lutter avec le temps, les faits, et survivre à la prescription.....

Note (31), page 140.

Extrait d'un discours de M. de Villèle dans la discussion de la loi des douanes, page 501 et 544 du *Moniteur*.

Nous sommes successivement appelés par les propositions qui nous sont faites, d'une part à défendre les restrictions reconnues nécessaires, d'autre part à nous garantir de l'exagération des droits qui sont demandés. C'est qu'en effet dans la loi que nous discutons, tout gît dans l'exacte appréciation des intérêts du pays.....

Il faut protéger le travail sans doute; mais il faut désormais être avare de prohibitions et de droits prohibitifs. Notre situation industrielle s'est déjà assez améliorée pour que des aggravations nouvelles doivent désormais devenir assez rarement nécessaires. Nous devons plutôt songer à modifier progressivement la rigueur de nos tarifs, à mesure que, comme chez nos voisins, notre industrie et nos produits, venant à se perfectionner, seront en état de soutenir tant au dedans qu'au dehors la lutte avec les objets manufacturés à l'étranger. C'est ainsi que nous préviendrons des représailles que l'étendue de notre consommation nous rend sans doute moins redoutables qu'à beaucoup d'autres, mais qui cependant ne sont jamais sans inconvénients.

Extrait d'un discours de M. de Villèle dans la discussion sur la loi des douanes, relativement aux chanvres, page 544 du *Moniteur*.

Commençons par examiner le résultat qu'a amené le droit.

Notre agriculture ne sait, en vérité, que produire. Produira-t-elle des céréales? elles sont à vil prix. Produira-t-elle des bestiaux? nous venons, il est vrai, de protéger cette production autant qu'il a été en nous, et cependant l'éducation des bestiaux ne donne que peu de bénéfice à ceux qui s'en occupent.

Quant aux vins, vous avez entendu ce qu'on vous a dit à leur sujet. Permettez du moins que nous prenions à l'intérieur toutes les branches de notre industrie que nous y pouvons trouver; permettez que l'agriculture, chargée chez nous d'un impôt direct considérable, puisse du moins vendre ses produits. Ce n'est qu'à l'abri des droits que vous avez établis qu'elle le pourra.

Relativement au chanvre, nous n'avons qu'à nous féliciter d'en avoir établi; cette branche de notre agriculture a trouvé un grand appui dans ces droits. Voyons si quelque autre partie en a souffert, car on doit avoir égard à tous les intérêts; il ne faut pas sacrifier celui de notre navigation à l'agriculture, il faut tâcher de les concilier.....

La marine s'approvisionnait autrefois de chanvres étrangers dans la proportion des quatre cinquièmes; ce genre d'approvisionnement a été réduit cette année à un cinquième, c'est-à-dire que la marine royale prend dans l'intérieur trois cinquièmes du chanvre de plus qu'elle ne faisait. J'imagine que voilà des avantages assez notables, résultant du système que nous suivons.

Mais il faut une bonne fois s'entendre sur le système des primes. Restituer les droits à la sortie, c'est en général annuler les droits, c'est enlever à nos produits la protection qu'on avait voulu leur donner. Mais cette restitution de droits a encore pour effet d'empêcher que jamais votre protection ne puisse s'étendre à la partie que vous avez à exporter; car dès que vous mettez un droit, c'est que la production extérieure est à meilleur marché que la vôtre. Lorsque vous rendez le droit à la sortie, vous devez vous attendre à ce que la matière première de vos exportations sera prise à l'étranger. Ainsi vous bornez votre propre production à la consommation intérieure, car les produits étrangers exempts du droit étant à meilleur marché que les vôtres, et le droit étant restitué à la sortie, les exportateurs auront intérêt à employer les produits étrangers de préférence à ceux de l'intérieur.

Tel est, Messieurs, l'effet des primes. Je ne pense pas que la chambre veuille sortir d'un système qui a produit des résultats aussi heureux que ceux dont se sont plaints les défenseurs de l'amendement, pour entrer dans un système qui commence par annuler la protection que vous avez voulu accorder à vos produits, un système qui s'oppose à ce que vous produisiez plus que ne demande votre consommation, et qui vous assure que toutes vos exportations se composent d'objets pris à l'intérieur.

Note (32), page 140.

Extrait de la réponse de M. de Villèle au général Sébastiani sur les colonies, page 529 du *Moniteur.*

L'orateur pense que nous sommes dans un système faux, que les colonies sont très à charge à la métropole et qu'il serait facile d'entrer dans un système opposé à celui où nous nous trouvons. Il reconnaît cependant l'utilité d'avoir des points militaires qui offrent à notre commerce des relations sûres et directes, des points qui offrent à notre marine et même à nos militaires l'occasion de s'exercer, de s'embarquer, de naviguer; en un mot, qui mettent notre marine militaire à portée de rendre à l'État de grands services dans d'autres circonstances. Le préopinant croit qu'en accordant aux colonies la liberté du commerce et en les affranchissant successivement, on pourrait conserver tous les avantages du système actuel et se débarrasser des inconvénients qui y sont attachés. Il est dans une erreur complète sur ce point. Les colonies ne peuvent vivre que du monopole que vous leur avez accordé dans votre marché; le lendemain du jour où vous les en priveriez, elles cesseraient d'exister.....

L'orateur me paraît être dans une erreur complète relativement aux avantages commerciaux des colonies. Il paraît ignorer que la moitié de notre navigation marchande se fait avec nos colonies, et que la moitié des capitaux qui sont retirés par notre commerce de par delà les mers nous viennent de ces colonies ; que douze à quinze mille matelots sont employés à cette navigation ; que 40 à 50 millions de nos produits sont écoulés dans nos colonies, et qu'on remplacerait difficilement ailleurs de pareilles relations. J'ajouterai une autre réflexion. Il est certain que les colonies vous fournissent la *totalité* * du sucre nécessaire à votre consommation, et près de la moitié des autres objets coloniaux que vous consommez. Si vous cessiez d'avoir ces relations, ce serait alors que vous seriez à la discrétion de l'étranger pour votre consommation, car vous seriez sujets à toutes les taxes qu'il lui plairait de vous imposer. Ainsi sous le rapport de la navigation, de la marine, du commerce et de la politique, il y aurait dommage considérable à changer le système actuel. Relativement aux Français établis dans ces colonies, il y aurait une injustice extrême et que personne ne peut réclamer.

Note (33), page 140.

Extrait de la discussion sur le traité de navigation avec l'Angleterre, page 553 du *Moniteur*. *Réponse de M. de Villèle à M. Casimir Périer.*

Ce traité se résout, dit-on, en un impôt à payer. Nous répondons que non. Il se résout au contraire en soulagement pour les navires qui avaient à payer une somme en Angleterre et une somme en France, et qui, en définitive, par suite du traité, se trouvent avoir moins à payer. Mais, objecte-t-on,

* C'était exact à cette époque.

ils ont moins à payer en Angleterre, et ils ont davantage à payer en France; dès lors vous devez soumettre aux chambres ce surcroît de payement.....

Voyons ce qui a pu, dans la conduite du gouvernement, autoriser ces préventions et ces méfiances. Les intérêts du pays ont-ils été sacrifiés par le traité dont il s'agit? l'orateur a senti que sur ce terrain il ne pourrait rien dire; aussi a-t-il fait le plus pompeux éloge des dispositions du traité. Cependant c'est à l'occasion de ce traité qu'on vient engager une question aussi grave, c'est à l'occasion de ce traité qu'on a la prétention d'entraîner la chambre dans une voie aussi périlleuse! J'en demande pardon à l'orateur; mais je ne crois pas qu'il y ait eu habileté à soulever sitôt une pareille question. Je comprendrais que le jour où le gouvernement se serait trompé, où les intérêts du pays auraient été blessés par de mauvais traités, on pût venir avec un amendement si fécond en conséquences contraires aux intérêts généraux, et qu'à l'abri de ces circonstances on eût espéré le faire adopter; mais quand on est obligé de convenir que le traité est avantageux à la France, il faut avouer que le moment n'est pas fort bien choisi.....

Comment donc s'arrange-t-on pour établir qu'il y a perception? On est obligé de scinder la question, de négliger ce qui se percevait en Angleterre sur nos bâtiments, et on nous accuse ainsi d'avoir fait que ce qui entrait dans les trésors de l'Angleterre entre maintenant dans les trésors de la France. (Des murmures s'élèvent à gauche).

Je ne crois pas avoir rien dit qui soit contraire à la plus exacte vérité.....

Voilà, Messieurs, comment nous avons envisagé l'ordonnance qui a été rendue; voilà pourquoi elle ne vous a pas été soumise, et pourquoi nous pensons qu'elle ne doit pas l'être. Elle est le résultat d'un traité que le roi avait autorité suffisante pour faire, qu'il avait seul le droit de faire, et qu'il pourrait faire encore demain, sans qu'il en résultât ce que vous qualifiez du nom de perception.....

Note (34), page 145.

Extrait des discours de M. de Villèle sur le budget et sur la question du dégrèvement, p. 923, 926 et 927 du *Moniteur.*

. . . .

Ainsi, nous tendons à la justice de répartition entre les impôts établis par leur principal, lorsque nous les ramenons tous à un nombre uniforme de centimes. Eh bien, nous ne faisons point autre chose dans l'intérêt de l'avenir. Nous proposons pour l'avenir l'application de ce système qui vous a été soumis en même temps que le dégrèvement, c'est-à-dire de décharger progressivement les contributions directes en temps de paix, afin de pouvoir avoir recours à elles en temps de guerre, comme au moyen le plus sûr, le mieux entendu, dans l'intérêt de la prospérité publique.....

Le véritable moyen de marcher vers la prospérité du pays n'est-il pas de favoriser la reproduction en favorisant la consommation ? Quand on a élevé cette question grave de la lutte entre les campagnes et les villes, entre les départements et la capitale, on n'a pas fait attention que le dégrèvement est fondé sur les produits des contributions indirectes inégalement payées par les villes et les campagnes, par les provinces et la capitale, et que, sous ce rapport, pour perpétuer le maintien de ces produits extraordinaires des contributions indirectes, il est de la plus sévère justice que vous fassiez participer à l'avantage du dégrèvement ceux qui, plus que d'autres, ont contribué à vous en faciliter les moyens.....

Il ne peut s'établir de véritable comparaison que depuis 1817, parce que ce n'est que depuis cette époque qu'on suit exactement dans les budgets les règles que nous suivons aujourd'hui. Je dirai même que ce n'est guère que depuis 1821 que les budgets peuvent être utilement comparés entre eux. Voici le résultat de 1821 à 1825 :

45 millions d'accroissement fournis à divers services.

45 millions de dégrèvement accordé aux contribuables.

70 millions d'augmentation dans les revenus publics.

20 millions de diminution de dépenses publiques dépendantes de l'administration, sur la liste civile et sur les pensions payées par l'État.

Il y a loin, comme vous le voyez, de cette situation à celle que nous a présentée notre honorable collègue.

Page 926 du *Moniteur*.

Messieurs, l'orateur m'a fourni lui-même la réponse que je viens de lui faire. Il vous a parlé d'un dégrèvement de 19 millions fait pour égaliser l'impôt entre les départements, et il a dit que l'inégalité a subsisté après ce dégrèvement, si même elle n'a pas été augmentée. Je partage entièrement son opinion. Je suis député d'un département qui, comme le sien, croit que, par le dégrèvement opéré en 1821, de nouvelles erreurs ont été substituées aux erreurs anciennes. C'est par ce motif surtout que, dans l'état actuel, ce qu'il y a de plus sage est de faire porter le dégrèvement sur les centimes, au lieu de chercher une prétendue rectification du principal, rectification qui, si elle n'est point impossible, est au moins tellement difficile, que je ne comprends pas ces mots-ci : Ne pourrions-nous pas demander le renvoi à la commission pour procéder dans un sens différent?.....

A-t-on bien pensé, quand on a cherché à résoudre ce problème, combien il est difficile, dans un pays aussi étendu que la France, de trouver le moyen de ne pas tomber dans l'inconvénient très-grave de substituer de nouvelles erreurs à des erreurs préexistantes? Je vois que jusqu'à présent l'on n'a aucun document qui puisse nous conduire à un résultat désirable en nous faisant éviter cet inconvénient. On avait commencé le cadastre dans ce but-là. Il était très-raisonnable en effet de penser que pour parvenir à faire la répartition entre les départements du fardeau de l'impôt foncier, il fallait commencer par connaître la valeur et le revenu de toutes les propriétés dans le royaume. On a travaillé longtemps et avec ardeur à poursuivre ce résultat; mais à peu près au tiers de la route on s'est aperçu que c'était l'ouvrage de Pénélope, et qu'à mesure qu'on avançait, on perdait le fruit de ce qui avait été fait en premier lieu. En effet, quand on expertisera la France, travail pour lequel il faudra au moins trente ans, les résultats de la trentième année seront-ils en rapport avec ceux de la première? et le jour où vous feriez la répartition de l'impôt par suite de cet immense travail, que deviendra votre égalité en présence des changements opérés depuis longtemps dans la culture, dans les débouchés, et de ceux qui résulteront des améliorations ou des détériorations qui auront eu lieu? Reconnaissons, Messieurs, qu'il était impossible d'atteindre par le cadastre le résultat désiré. Quel autre moyen a-t-on recherché? On a parlé de baux, et la moitié de la France n'en a pas. On a parlé de prix de vente. Qui ne sait que les prix de vente d'une propriété considérable sont bien différents de ceux d'une propriété peu étendue, que les prix de vente d'une propriété située à proximité d'une ville sont bien différents de ceux d'une propriété éloignée des grandes routes et située dans l'intérieur des terres, que ces prix enfin sont différents, quand la propriété touche à celle d'un voisin riche qui a envie de s'arrondir, ou quand elle n'a pour voisins que des personnes qui sont hors d'état d'en faire l'acquisition? Les prix de vente ne pourraient donc nous conduire au résultat qu'il faudrait atteindre.

Y arriverait-on par les renseignements administratifs? Je le déclare : ils m'ont toujours fait frémir; et le titre seul me semblerait devoir faire reculer devant une pareille base pour une nouvelle répartition. Car que peuvent-ils être, ces documents administratifs? Le résumé de toutes les données dont je viens de vous entretenir. Mais en supposant les meilleures intentions et la meilleure volonté, pourrez-vous éviter les erreurs, les préventions? Comment apprécier exactement des genres de culture qu'on ne connaît pas, et les mettre en balance avec d'autres sortes de culture que l'on connaît? Vous ne pouvez cependant échapper à l'adoption d'un de ces moyens pour parvenir à faire une rectification de la répartition.

Si je ne me suis pas livré à une idée de ce genre qui m'eût paru si honorable, c'est parce que j'ai aperçu toutes les difficultés et même tous les dangers d'une pareille prétention....

Ce serait assurément une chose très-désirable que de pouvoir arriver à une meilleure répartition de l'impôt foncier. Mais s'en flatter est à mes yeux une chose qui n'est pas raisonnable; et c'est sous ce rapport que nous avons cru qu'il était de notre devoir, au lieu de vous encourager dans la poursuite d'une chose difficile, de vous proposer d'apporter un soulagement général qui, procurant à tous l'avantage d'une moindre charge à supporter, rendrait l'inégalité que nous avons crue inévitable moins pesante pour ceux qui avaient à en gémir.

Voilà, Messieurs, notre opinion sur le dégrèvement que nous avons proposé.....

Voilà nos motifs pour ne nous être pas engagés dans une rectification du principal entre les départements. Vous le savez, le cadastre se poursuit dans l'intérêt des localités, parce qu'il est plus facile de faire disparaître les inégalités entre les arrondissements, les communes, et surtout entre les particuliers, qu'il ne le serait de les faire disparaître entre les départements. C'est dans cet intérêt seul que se poursuit le cadastre; car vous ne devez pas espérer d'en tirer jamais des documents suffisants pour en faire l'application aux départements et pouvoir rectifier la répartition actuelle entre ces mêmes départements.

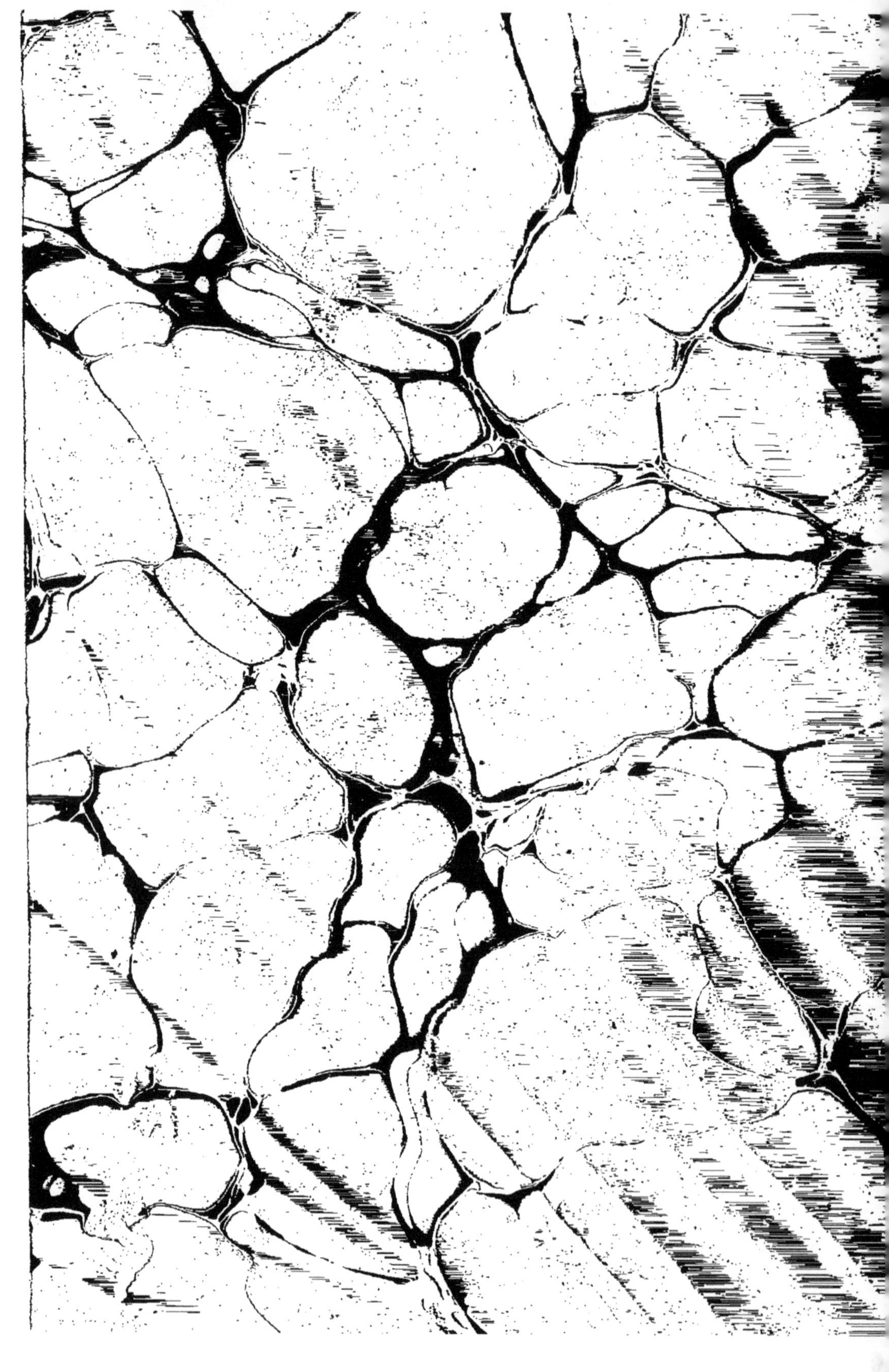

BIBLIOTHEQUE NATIONALE DE FRANCE
3 7502 01042273 3

www.ingramcontent.com/pod-product-compliance
Ingram Content Group UK Ltd.
Pitfield, Milton Keynes, MK11 3LW, UK
UKHW012200240726
13966UKWH00002B/472

9 782011 762955